THE BOOK OF
IRISH
WORDSEARCH
PUZZLES

THE BOOK OF
IRISH WORDSEARCH PUZZLES
OVER 100 PUZZLES

SIRIUS

SIRIUS

This edition published in 2023 by Sirius Publishing, a division of
Arcturus Publishing Limited,
26/27 Bickels Yard, 151–153 Bermondsey Street,
London SE1 3HA

Copyright © Arcturus Holdings Limited
Puzzles by Puzzle Press

ISBN: 978-1-3988-3063-9
AD011215UK

Printed in China

A Grand Tour of the Emerald Isle

Emeralds have never been found under the soil of Ireland.
Yet the phrase Emerald Isle is known throughout the world as
the literary name of the island that sits at the utmost edge of
Europe. Some say the name is a reminder of the spirituality
of the ancient Irish who believed that the stone had healing
powers. Others just point to the grid of lush, well-tended fields
that covers much of Ireland in summer.

This book offers an opportunity to embark on a tour of
Ireland's natural beauty but also its history and cultural highlights. There are more
than 100 stopping points on the tour, each one a puzzle containing hidden clues to
aspects of Ireland past and present. In each puzzle you can explore an Irish topic
by searching for hidden words that run backward and forward, up and down, or
diagonally in both directions in the puzzle grid. In some puzzles only the underlined
words need be located.

A number of themes will emerge during your tour. Some highlight Ireland's history;
its prehistoric structures, countless castles and tower houses, bloodied battlefields
and memorials that mark painful days in its past, the vast emigration to Britain and
especially the USA where so many hungry new arrivals quickly made their mark.
Other themes celebrate the enthusiasms that move the Irish people; their pride in
their poets and novelists who have created an exceptional national literature; their
fondness for tall tales best enjoyed in the sagas of murders and ghosts joyfully
told to visitors at almost every grand house and palace; the enormous contribution
made by talented Irish writers and actors on stage and screen; their love of sport,
not just the international games of soccer, rugby, and athletics but those sports
with deep roots in Gaelic tradition such as Camogie and Hurling; the abundance
of classic golf courses, played not just by locals but also the thousands of Irish-
Americans who visit their ancestral home every year; a deep affection for horses in
a land that has bred dozens of champion runners and famous jockeys.

Start your tour now and discover these themes, and many more, about the fascinating
people who have the luck of living on an island that is a true jewel set in the western seas.

Failte go hÉirinn (Welcome to Ireland)

Dublin Attractions

```
I E A D R A G M F S R H R O L
N R A Y L O G B O A T O N U E
O H U G H L A N E O Y O T L T
I G R O G A N S L A R U R S R
R N I V E N S A L G M G I O A
R S T P A T R I C K S Y N W B
E T L C F F B H Y C T Z I O E
M U V S Q O T E A S P H T E L
Y D X C T R F S I M T G Y O P
E I I A I F T R P S K A L J M
C O N N I L H B U D L E K Q E
C I E L E C N Q C K Z V L D T
C A O P E A R S E K J I B L O
S H H A I S N E H P E T S T S
L E P R E C H A U N G Y O O Q
```

- ◇ BOOK OF <u>KELLS</u>
- ◇ <u>BOTANIC</u> GARDENS
- ◇ CHAPEL <u>ROYAL</u>
- ◇ <u>CHRIST</u> CHURCH
- ◇ <u>DUBH LINN</u> GARDENS
- ◇ DUBLIN <u>CASTLE</u>
- ◇ <u>EPIC</u> EMIGRATION
- ◇ FRANCIS BACON <u>STUDIO</u>

- ◇ GALWAY <u>LOG BOAT</u>
- ◇ <u>GARDA</u> MEMORIAL
- ◇ <u>GLASNEVIN</u> CEMETERY
- ◇ <u>GROGANS</u> PUB
- ◇ <u>HUGH LANE</u> GALLERY
- ◇ <u>IVEAGH</u> GARDENS
- ◇ <u>LEPRECHAUN</u> MUSEUM
- ◇ <u>LONG ROOM</u> LIBRARY

- ◇ <u>MERRION</u> SQUARE
- ◇ <u>PEARSE</u> MUSEUM
- ◇ <u>PHOENIX</u> PARK
- ◇ RIVER <u>LIFFEY</u>
- ◇ ST PATRICK'S <u>CATHEDRAL</u>
- ◇ ST STEPHEN'S <u>GREEN</u>
- ◇ TEMPLE <u>BAR</u>
- ◇ <u>TRINITY</u> COLLEGE

Ancient Sites

```
N E E B Y L L A B Ó I N N E L
Y A Ó F P S N R C D M I Ó T E
N V O O A Y T M U L K W N B W
N M F B A H W N A R I P E H I
A B F S U N G H A E P V W S K
N D A R B I N H G I V E O I N
A R B V V E S Z P U G E H L O
G U B E R A A V T N O G S H C
E M N D R A C G A T U L I G K
L S H O R L C R H O Q J N U M
M K T L Ó O G S R M U Z I A A
F I W M E W M T Y B O E F A N
N N O E E Z A B S Ó P R V Z Y
B N D N L R S D E F C K E I B
I Y L Ó A W A R D G R O O M P
```

◊ ANYA'S COVE

◊ ARDGROOM

◊ AUGHLISH

◊ BALLYBEEN

◊ BEAGHMORE

◊ BOA ISLAND

◊ BRÚ NA BÓINNE

◊ DOWTH PASSAGE

◊ DROMBEG

◊ DRUMSKINNY

◊ DUNGIVEN

◊ GIANT'S RING

◊ GOWARD DOLMEN

◊ HILL OF TARA

◊ INISHOWEN

◊ KNOCKMANY

◊ LEGANANNY

◊ NEWGRANGE

◊ O'CAHAN'S TOMB

◊ QUEEN MAEVE'S CAIRN

◊ RASHARKIN

◊ ROUGH FORT

◊ SCARVA

◊ STRANGFORD LOUGH

3   **Dramatists**

```
H Q U J D F S Y N G E Y H H U
Y D X U R M B N U G Y U O S Y
F H O A O A B Z B S G L F T A
B T O D C M T M D H L L C R
E N C R H E Y R E U L E A K W
C T N F E O G S S F M R I O A
K L K V L M A H P O R R C H H
E C A L V U E H T Q Y A E S S
T N O B Y R N E J N S F L L O
T M S Y I P Y V O E E K Y A K
A N T D I H G R Y U W Q O W S
P N A H P Y A C O L U M D K E
H N E H N Q I X R Q A G B C N
Y M Y T E M J X R E M L V M O
E D L I W B N O T S N H O J J
```

◊ GERALDINE ARON

◊ SAMUEL BECKETT

◊ BRENDAN BEHAN

◊ COLM BYRNE

◊ MARINA CARR

◊ PADRAIC COLUM

◊ RODDY DOYLE

◊ BERNARD FARRELL

◊ DECLAN HUGHES

◊ DENIS JOHNSTON

◊ MARIE JONES

◊ M J MOLLOY

◊ TOM MURPHY

◊ SEAN O'CASEY

◊ BILLY ROCHE

◊ G B SHAW

◊ RICHARD SHERIDAN

◊ GEORGE SHIELS

◊ J M SYNGE

◊ COLIN TEEVAN

◊ JOSEPH TOMELTY

◊ ENDA WALSH

◊ OSCAR WILDE

◊ W B YEATS

Gaelic Football Stars

```
D E N I W C G N O R T S M R A
I S L Y H G E A M S E L B N G
M A R T I N A Z E E N G O N M
R I A L C O M O N H A P A L C
G F E N T O N J R G G R L J G
A S C H E I N G Y U O O Y Y U
D J E T Z M O Y B H R M E T I
I E R R U Z L L V R B D L T R
M A E R O L L G A E Y B N O K
H U P G O Q A C F U T N A R T
A H R N A L F L H K N E T C U
Y U N R V N K E L L E M S R O
H O O I A G P W G N O L R U F
C T N H J Y U U R E B T L G P
H I G G I N S W P G K A E Y B
```

◊ KEVIN ARMSTRONG   ◊ BRIAN FENTON   ◊ MARY KELLY

◊ BERNARD BROGAN   ◊ THERESA FURLONG ◊ LINDA MARTIN

◊ YVONNE BYRNE   ◊ PAUL GALVIN   ◊ MONICA MCGUIRK

◊ LULU CARROLL   ◊ TREVOR GILES   ◊ PADDY MOCLAIR

◊ KATRINA CONNOLLY ◊ ELAINE HARTE   ◊ EDEL MURPHY

◊ ANNA CROTTY   ◊ MICK HIGGINS   ◊ ALF MURRAY

◊ BERNIE DEEGAN   ◊ DENISE HORAN   ◊ LARRY STANLEY

◊ JARLATH FALLON   ◊ SUZANNE HUGHES   ◊ CIARA TRANT

Belfast Sights

- ◇ <u>ANTRIM</u> COAST
- ◇ BELFAST <u>CASTLE</u>
- ◇ <u>BITTLES</u> BAR
- ◇ <u>BOTANIC</u> GARDENS
- ◇ <u>CITY HALL</u>
- ◇ <u>COLIN</u> GLEN
- ◇ CRUMLIN ROAD <u>GAOL</u>
- ◇ <u>FOLK</u> MUSEUM

- ◇ <u>GOLDEN</u> THREAD
- ◇ <u>HADROSAURUS</u>
- ◇ *<u>HMS CAROLINE</u>*
- ◇ KELLY'S <u>CELLARS</u>
- ◇ <u>LINEN</u> CENTRE
- ◇ <u>NAUGHTON</u> GALLERY
- ◇ <u>ORANGE</u> HERITAGE
- ◇ <u>PEACE</u> WALL
- ◇ <u>SHEEP</u> ON THE ROAD

- ◇ <u>SPINNING</u> MILL
- ◇ *<u>SS NOMADIC</u>*
- ◇ <u>ST GEORGE'S</u> MARKET
- ◇ <u>STORMONT</u>
- ◇ *<u>TITANIC</u>* BELFAST
- ◇ <u>TRANSPORT</u> MUSEUM
- ◇ <u>WHITEHEAD</u> RAILWAY

Natural Beauties

```
L N O N N A H S E R A B P G P
K D H B M D N V X G Y U B O J
A Y U B M O O V G R Z R I S P
R S T N I E D Z R F N R K T H
A M T L L E H E T I A E I O D
E A L A V O K B L V L N E L A
B U S I C E E O F L E K D L R
G L L G N K O F I V J O H Y K
A S M R M D I G E G W S X M H
X V U I I R W I A N I V C O E
G O Z C A T L R H M R A A R D
M E L N O S N I E K W J N E G
N E E R M I L L M H E U W T E
W L C B S L S A H E R L O W S
G R T H M A R B L E A R C H S
```

◇ AHERLOW

◇ BEARA PENINSULA

◇ CLEW BAY

◇ DEVIL'S PUNCH BOWL

◇ DOOLIN CAVE

◇ DOWNHILL DEMESNE

◇ DÚN BRISTE STACK

◇ GAP OF DUNLOE

◇ GARNISH ISLAND

◇ GIANT'S CAUSEWAY

◇ GLENARIFF

◇ LITTLE SKELLIG

◇ MARBLE ARCH CAVES

◇ MIZEN HEAD

◇ MOURNE MOUNTAINS

◇ RING OF GULLION

◇ RING OF KERRY

◇ SHANNON POT

◇ SLEMISH VOLCANO

◇ SLIEVE LEAGUE

◇ THE BURREN

◇ THE DARK HEDGES

◇ TOLLYMORE FOREST

◇ TORC WATERFALL

Novelists

```
L L R H A P Q P G W T T I A I
N Y T N I K C M D Q Q F C H L
B Q M M I L L I K I N N I E Q
E O Y E N R E T S I E D V W Y
C E W R C Q V K A K C E T O S
K S L E V E E L C T R K C E P
E C W L N W G A T O Y Y H Q Q
T A K P I K M E O O L S V A K
T N N L E V K M Y R Y L M U M
O L H E A N N E K C M N U T E
F A U Q U L H A N L I Z R B N
J N R L D R O M B A Y D D L A
C Z P K Z Z B L N T K N O N E
T R E V O R L L O R R A C T K
C A F O E I T T O R C B H H I
```

◊ JOHN BANVILLE

◊ SAMUEL BECKETT

◊ ELIZABETH BOWEN

◊ KEN BRUEN

◊ SHAN BULLOCK

◊ CLAUDIA CARROLL

◊ BRIAN CLEEVE

◊ JULIA CROTTIE

◊ BEN KANE

◊ MOLLY KEANE

◊ CHARLES KICKHAM

◊ CHARLES LEVER

◊ HANNAH LYNCH

◊ WALTER MACKEN

◊ CHRISTINA MCKENNA

◊ ADRIAN MCKINTY

◊ ANNA MILLIKIN

◊ BRIAN MOORE

◊ IRIS MURDOCH

◊ EDWARD PLUNKETT

◊ PATRICIA SCANLAN

◊ LAURENCE STERNE

◊ JONATHAN SWIFT

◊ WILLIAM TREVOR

Easter Rising 1916

```
A U Z D N O M H C I R H F S B
A O E É V U U E D I R B C A M
H A R B O U R H I L L P F F P
G S Y L L O N N O C U M A N N
U Q I S L M A G A Z I N E S Y
R V F N E M L M C P E A R S E
B T I E N P L P V N I É M L L
R T A H N F A L M D A U E I S
N E N P O K É R A E M F B B E
L K N E C É W I A H L I W A N
H N A T O G R Q N T Y L L U N
E U U S K T R Y D A I T O L A
L L P T N E L S O N S O I W D
G P P S B G N W D A L Y N C S
A V J A É J L T J A C O B S Z
```

◊ ANNESLEY BRIDGE

◊ ARBOUR HILL PRISON

◊ BOLAND'S MILL

◊ CATHAL BRUGHA

◊ JAMES CONNOLLY

◊ CUMANN NA MBAN

◊ NED DALY

◊ DUBLIN CITY HALL

◊ FIANNA ÉIREANN

◊ JACOB'S FACTORY

◊ THOMAS KENT

◊ JOHN MACBRIDE

◊ MAGAZINE FORT

◊ LIAM MELLOWS

◊ NELSON'S PILLAR

◊ O'CONNELL STREET

◊ PATRICK PEARSE

◊ JOSEPH PLUNKETT

◊ RICHMOND BARRACKS

◊ RN HMY HELGA

◊ SEPARATION WOMEN

◊ SINN FÉIN

◊ SS LIBAU

◊ ST STEPHEN'S GREEN

Hurling Heroes

```
S H H C B Y T R A G E H W A H
H O S T O R E Y Y B N A H O L
E G Z B Y R N E S W A L S H L
F A O S H L B R T F M H W R Q
F N P G U N N E F T A L E W B
L H G G A W L L T N Y Y D V S
I F Q R M C G R A T H N D K N
N D O R N F C H S N I C Y Y I
A M U L A E A O G K T H G M L
H O I N N W H R S Q S N A L L
A D F P N N B A V C U G I H O
L N O S E E L G B R O W N E C
E I F D R L R A T S D R N R A
H R Z R B L H A Y E S V A C W
W W Q Z C Y G J O Q Y Z C N G
```

◊ EDDIE <u>BRENNAN</u>

◊ TONY <u>BROWNE</u>

◊ DIARMAID <u>BYRNES</u>

◊ JOE <u>CANNING</u>

◊ PODGE <u>COLLINS</u>

◊ LAR <u>CORBETT</u>

◊ BRIAN <u>CORCORAN</u>

◊ TOMMY <u>DUNNE</u>

◊ MICHAEL <u>FENNELLY</u>

◊ AUSTIN <u>GLEESON</u>

◊ KYLE <u>HAYES</u>

◊ GEARÓID <u>HEGARTY</u>

◊ RICHIE <u>HOGAN</u>

◊ EOIN <u>LARKIN</u>

◊ BRIAN <u>LOHAN</u>

◊ CIAN <u>LYNCH</u>

◊ PÁDRAIC <u>MAHER</u>

◊ KEN <u>MCGRATH</u>

◊ KEVIN <u>MORAN</u>

◊ DAN <u>SHANAHAN</u>

◊ HENRY <u>SHEFFLIN</u>

◊ MARTIN <u>STOREY</u>

◊ TOMMY <u>WALSH</u>

◊ BRIAN <u>WHELAHAN</u>

```
T B P O H R G B J E M D D U F
H K G O E O T E Q J C N H X O
H B W N N B T H S I U Y C D Z
B T R U S S A R C O C O O H U
H U R N E G E R P A P M S J N
B B P I L N M R N E E A Z S I
U I R I I N M N N A P Y E P G
L T E L X S R H E R C L N A H
G F B R E P A E A A P L T E T
Z U M S A G D Y T M G V E Y P
D T A Z E J E Q I N J H Y H G
V S H N B R H S A Z U R I C H
I G C C A B R A E N O L A I T
C T G O Z N E H P E T S F V I
O U L Y S S E S T G G L C S E
```

◇ ALONE

◇ A PRAYER

◇ NORA BARNACLE

◇ GIORDANO BRUNO

◇ CABRA

◇ *THE CATS OF COPENHAGEN*

◇ *CHAMBER MUSIC*

◇ *DUBLINERS*

◇ *EXILES*

◇ FLUNTERN CEMETERY

◇ *GAS FROM A BURNER*

◇ HOWTH CASTLE

◇ LUCIA ANNA JOYCE

◇ LOUGH NEAGH

◇ NIGHT PIECE

◇ *POMES PENYEACH*

◇ EZRA POUND

◇ SIMPLES

◇ *STEPHEN HERO*

◇ TRIESTE

◇ *ULYSSES*

◇ VICHY FRANCE

◇ GIAMBATTISTA VICO

◇ ZURICH

The *Titanic*

```
E L B A K N I S N U L N O E O
H S M A R G I N O C R A M I H
M A Q E X Q A D J W N R W R C
R O C J S P U I H G O R W R O
X W M A N A H E H S O O H I D
N P B M L O B I E T L L I P R
E R R O I I T A L N A X T I U
I O O F F I F P N L S P E Q M
S M W F E P H O M D I T R A U
I E N I B R U T R A R P O A F
R N E C O D Z R R N H E S W C
A A P E A T X I N M I T W F N
P D S C T S L A O H S A U S W
M E S G S Z N L D Y T L N O L
O L Y M P I C S A S T O R Z S
```

◇ ARROL GANTRY

◇ THOMAS ANDREWS

◇ JOHN JACOB ASTOR

◇ FATHER BROWNE

◇ CAFÉ PARISIEN

◇ IRISH SEA TRIALS

◇ LIFEBOATS

◇ MARCONIGRAMS

◇ FIRST OFFICER WILLIAM MURDOCH

◇ NANTUCKET SHOALS

◇ OLYMPIC CLASS

◇ PARSONS TURBINE

◇ JACK PHILLIPS

◇ LORD PIRRIE

◇ PROMENADE DECK

◇ QUEENSTOWN

◇ RMS CARPATHIA

◇ SALOON DECK

◇ SEA POST OFFICE

◇ SOUTHAMPTON

◇ SS CALIFORNIAN

◇ SS MESABA

◇ UNSINKABLE

◇ WHITE STAR LINE

Excerpt from *Dracula* by Bram Stoker
Dracula Makes His Appearance

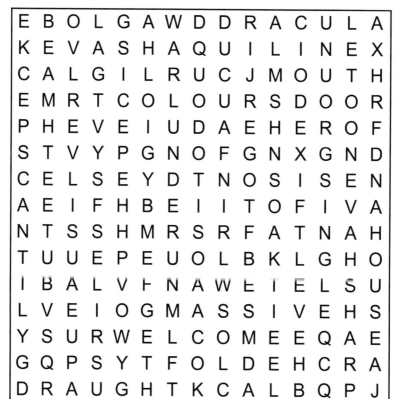

```
E  B  O  L  G  A  W  D  D  R  A  C  U  L  A
K  E  V  A  S  H  A  Q  U  I  L  I  N  E  X
C  A  L  G  I  L  R  U  C  J  M  O  U  T  H
E  M  R  T  C  O  L  O  U  R  S  D  O  O  R
P  H  E  V  E  I  U  D  A  E  H  E  R  O  F
S  T  V  Y  P  G  N  O  F  G  N  X  G  N  D
C  E  L  S  E  Y  D  T  N  O  S  I  S  E  N
A  E  I  F  H  B  E  I  I  T  O  F  I  V  A
N  T  S  S  H  M  R  S  R  F  A  T  N  A  H
T  U  U  E  P  E  U  O  L  B  K  L  G  H  O
I  B  A  L  V  F  N  A  W  E  I  E  L  S  U
L  V  E  I  O  G  M  A  S  S  I  V  E  H  S
Y  S  U  R  W  E  L  C  O  M  E  E  Q  A  E
G  Q  P  S  Y  T  F  O  L  D  E  H  C  R  A
D  R  A  U  G  H  T  K  C  A  L  B  Q  P  J
```

Within, stood a tall old man, clean shaven save for a long white moustache, and clad in black from head to foot, without a single speck of colour about him anywhere. He held in his hand an antique silver lamp, in which the flame burned without chimney or globe of any kind, throwing long quivering shadows as it flickered in the draught of the open door…

"I am Dracula; and I bid you welcome, Mr. Harker, to my house…"

His face was a strong—a very strong—aquiline, with high bridge of the thin nose and peculiarly arched nostrils; with lofty domed forehead, and hair growing scantily round the temples but profusely elsewhere. His eyebrows were very massive, almost meeting over the nose, and with bushy hair that seemed to curl in its own profusion. The mouth, so far as I could see it under the heavy moustache, was fixed and rather cruel-looking, with peculiarly sharp white teeth; these protruded over the lips…

County Towns

```
C G Z J M I Z Y H O Q W N E D
A N A H G A N O M G K M O R C
S O W V V T Q S V I O U H O V
T T Z L R S G E V L Y L G M I
L P O R T L A O I S E L A A U
E N O M M O C S O R F I N L D
B W A A K T R A L E E N E L V
A O S W W H N A V R A G N U D
R L M E E T Y J K A R A A T W
G I S W O R D S H R N R V E O
M F B F R I F K O G O Y A N L
N F E E G M C M R B A C N N R
A O D U N D A L K F K M L I A
A R F J V G A L W A Y V R S C
S D R I H W N S Q V S D O A Q
```

◊ ARMAGH   ◊ ENNIS   ◊ OMAGH

◊ CARLOW   ◊ GALWAY   ◊ PORTLAOISE

◊ CASTLEBAR   ◊ LIFFORD   ◊ ROSCOMMON

◊ CAVAN   ◊ MONAGHAN   ◊ SLIGO

◊ CORK   ◊ MULLINGAR   ◊ SWORDS

◊ DERRY   ◊ NAAS   ◊ TRALEE

◊ DUNDALK   ◊ NAVAN   ◊ TRIM

◊ DUNGARVAN   ◊ NENAGH   ◊ TULLAMORE

```
N I A G A L A G E N O D H C Z
N Z N A F O W T O W K G M V Y
R A G L A N I L D E J S I E B
G Y L O H N A V Y D Y Y K R S
Q N D A N N Y B O Y Y S D M L
D U G N I D D E W W I A N I W
C J I G I C T T O H R E L N S
I T A L L E W L W G E A I M R
G N J S L G R R L R B G C C E
S T R A L E E E A P Y N B H
H S A Y H N J B R V A S A R T
I F Y A O R B L I W O C P I A
U A S L Z I E Z L Y K R S D E
F Q A M K Y D A S K I Z D E F
I M R S M A G R A T H T D I D
```

◊ A NATION ONCE <u>AGAIN</u>

◊ ARTHUR <u>MCBRIDE</u>

◊ <u>DANNY BOY</u>

◊ DEAR OLD <u>DONEGAL</u>

◊ FACTORY <u>GIRL</u>

◊ FOGGY <u>DEW</u>

◊ <u>GALWAY</u> RACES

◊ GLEN OF <u>AHERLOW</u>

◊ <u>HOLY</u> GROUND

◊ JUICE OF THE <u>BARLEY</u>

◊ <u>LANIGAN'S</u> BALL

◊ MOLLY <u>MALONE</u>

◊ <u>MRS MAGRATH</u>

◊ OUR <u>WEDDING</u> DAY

◊ ON <u>RAGLAN</u> ROAD

◊ ROSE OF <u>TRALEE</u>

◊ <u>SKIBBEREEN</u>

◊ <u>SPANCIL</u> HILL

◊ THADY <u>QUILL</u>

◊ THE WILD <u>ROVER</u>

◊ TOSS THE <u>FEATHERS</u>

◊ WAXIES' <u>DARGLE</u>

◊ <u>WELLA</u> WALLIA

◊ <u>WHISKEY</u> IN THE JAR

15   Racing Venues

```
T Y P T T T Z M X L L E H Y L
I S E L R U H T F C L S O W A
P W B I O E A F T G T U W L Y
P E C M S X Q M N N R O T E O
E X A E C B E I W A A H H M R
R F R R O Z D H O B L Y G N N
A O R I M X G T T L E R O O W
R R O C M U R E S A E I W L O
Y D W K O O R B W E N A R C D
N K M L N U D Z O B N F A E F
H V O N P F H A L I J W N G A
U O R N O M K I L L A R N E Y
D Q E A I N G L E N B E I G H
N A V A N N L K B K S L I G O
Z X V S G R E E N M O U N T E
```

◊ BEAL BAN   ◊ GLENBEIGH   ◊ NEWBROOK

◊ BELLOWSTOWN   ◊ GOWRAN   ◊ ROSCOMMON

◊ CARROWMORE   ◊ GREENMOUNT   ◊ SLIGO

◊ CLONMEL   ◊ HOWTH   ◊ THURLES

◊ DINGLE   ◊ KILLARNEY   ◊ TIPPERARY

◊ DOOLOUGH   ◊ LIMERICK   ◊ TRALEE

◊ DOWN ROYAL   ◊ NAAS   ◊ TUAM

◊ FAIRYHOUSE   ◊ NAVAN   ◊ WEXFORD

Painters

```
B Y U N O C A B D Z R N L N A
I S V L N P K E A T I N G J A
K C W I O Y W Z O T E B T I R
R U Y Z N A W S S A R Y M H S
Y L K P N Y T R E N R O B S O
E L A H E U A P J E R V A S N
L Y N S L G Q S V J V P F J O
L R E T N U H A L F Y W A B S
A M T L Z E L P Y L S C E A N
M H T D Y B N A D H O C N R I
O K E R N O F F Z B O H H R B
R W L N T J J V G N E H C Y O
P E L Q R M A C C A B E B I R
E Q E P I Y M I D D L E T O N
N V J M C G U I N N E S S A Q
```

◊ FRANCIS BACON

◊ JAMES BARRY

◊ FRANCIS DANBY

◊ NORMAN GARSTIN

◊ PAUL HENRY

◊ ROBERT HUNTER

◊ ALICE JACOB

◊ MAINIE JELLETT

◊ CHARLES JERVAS

◊ PAUL KANE

◊ SEÁN KEATING

◊ HARRY KERNOFF

◊ JOHN LAVERY

◊ CIARAN LENNON

◊ GLADYS MACCABE

◊ NORAH MCGUINNESS

◊ COLIN MIDDLETON

◊ CHARLES NICHOLLS

◊ TONY O'MALLEY

◊ WILLIAM ORPEN

◊ WALTER OSBORNE

◊ MARKEY ROBINSON

◊ SEAN SCULLY

◊ MARY SWANZY

```
P F D Y P D L C C R S N A K E
I M A R N A F A A N D T N T H
N A E T E P R I V L X H U A M
C R R P G P N A O I A O A A D
H C B R X B X G D R T R H P A
R H A X O U F I P E K S C T N
E K D W C O R N E D B E E F C
E C O J T Q Q E A I W S R F I
B O S O G R L B F A C H P M N
N R P S W D P A E E E O E M G
E M F B D Q R C X Y A E L C I
E A M I Z K C O I N S S S L B
R H F A Z F J N N J A V T G G
G S C I S U M Y A D I L O H U
S Z X W V S C A B B A G E P C
```

◊ BACON

◊ CORNED BEEF AND CABBAGE

◊ DROWNING THE SHAMROCK

◊ COINS

◊ DANCING

◊ FEAST

◊ FESTIVAL

◊ FIDDLE

◊ GREEN BEER

◊ HARP

◊ HOLIDAY

◊ HORSESHOE

◊ JIG

◊ LEPRECHAUN

◊ MARCH

◊ MASS

◊ MUSIC

◊ PARADE

◊ PINCH

◊ POT OF GOLD

◊ RAINBOW

◊ SNAKE

◊ SODA BREAD

Historic Buildings – Part One

```
K I L S H A N N I G Q B I R R
K B C A L T U L L Y N A L L Y
E L L A E L L I V Y R R E P
L O O T L M I M X P A M B N H
E A N H T R U O C S R E W O P
E E A I I M Z Y A H D A P T X
K L L D A D G N A G T O H D
N I I L O L D L A M I H R G E
I A S W R A S A M W L F T U R
L R J D E H B R O O L V U O R
L E I X L I P E R O A H M L Y
A N K X G D X C D D N X N N N
B O X P J E T F O R C N A F A
F D P B E L L A G H Y B A W N
Y A B M A L I S N A V A G H E
```

◊ ALTIDORE   ◊ DONERAILE   ◊ LOUGHTON

◊ ARDGILLAN   ◊ DROMANA   ◊ MALAHIDE

◊ BALLINKEELE   ◊ FANCROFT   ◊ MOYGLARE

◊ BARMEATH   ◊ HAMWOOD   ◊ PERRYVILLE

◊ BELLAGHY BAWN   ◊ KILSHANNIG   ◊ PORTUMNA

◊ BIRR   ◊ LAMBAY   ◊ POWERSCOURT

◊ CLONALIS   ◊ LEIXLIP   ◊ SALTHILL

◊ DERRYNANE   ◊ LISNAVAGH   ◊ TULLYNALLY

Pop and Rock Bands

```
C W Y K M C D N I N E L I E S
C M O U N D E R T O N E S V L
O L M N R W B W A N V M Z E S
M I S W S O E D A W G Q B H R
E Z A H Y S P L M N D L T A E
D Z E Z T V S I I U U E A P G
Y Y O L C A E P C E K U J P A
C N I F G L P R T T N N S Y L
E F D G I I A R N A U A A J L
E V O Y H A E N U P A R N L I
G V C W B E S T N R Y Z E P V
O U T D G B N C L A A B Q G R
A J O L A I N O O G D I H G K
R N R G S F O T P U G W A S H
C G S S Z S E T S E U G O P I
```

- ◊ ASLAN
- ◊ BLUETREE
- ◊ BOYZONE
- ◊ CLANNAD
- ◊ GENERAL FIASCO
- ◊ IN TUA NUA
- ◊ JEDWARD
- ◊ LANKUM

- ◊ NINE LIES
- ◊ OTT
- ◊ PICTURE THIS
- ◊ PRETTY HAPPY
- ◊ PUGWASH
- ◊ SAARLOOS
- ◊ SNOW PATROL
- ◊ THE DIVINE COMEDY

- ◊ THE POGUES
- ◊ THE SAW DOCTORS
- ◊ THE UNDERTONES
- ◊ THIN LIZZY
- ◊ VILLAGERS
- ◊ WESTLIFE
- ◊ WHIPPING BOYS
- ◊ WYVERN LINGO

Girls' Names

```
A  I  S  L  Á  V  T  Ó  Ó  B  J  S  A  Z  U
K  Í  Ó  A  Y  O  H  G  R  E  N  H  T  I  E
R  Í  G  T  N  S  C  I  R  L  L  G  E  R  O
Y  L  G  O  I  T  N  É  J  C  A  N  F  Í  C
W  F  R  L  Q  A  C  A  I  T  L  I  N  L  J
T  A  I  Y  M  Á  I  B  H  G  A  L  E  H  S
L  E  W  R  É  P  A  F  S  B  F  S  L  R  N
N  N  A  H  B  O  I  S  I  J  R  I  Ó  B  E
Í  C  Y  G  I  H  B  A  E  M  S  A  V  D  E
S  S  J  F  A  H  E  S  R  I  O  A  S  L  L
I  P  E  T  R  N  E  R  N  Á  E  J  Í  H  L
Ó  Z  V  U  A  N  L  É  F  S  T  S  T  M  O
R  H  D  A  I  F  A  R  B  Y  H  W  É  A  C
S  P  C  Á  C  D  I  Ó  Y  Á  N  Y  L  I  D
M  Í  G  É  B  C  C  L  O  D  A  G  H  N  C
```

◇ ÁFRIC   ◇ COLLEEN   ◇ ÓRLA

◇ ÁINE   ◇ EILISH   ◇ RÓISÍN

◇ AISLING   ◇ EITHNE   ◇ SAOIRSE

◇ AOIFE   ◇ ETHNA   ◇ SHELAGH

◇ CAITLIN   ◇ FIADH   ◇ SÍLE

◇ CARMAN   ◇ MEABH   ◇ SINÉAD

◇ CIARA   ◇ NIAMH   ◇ SIOBHAN

◇ CLODAGH   ◇ ONORA   ◇ TEAGAN

Famous Camogie Players

```
Y E S M I L L O C S I R D O D
U L M I F G R Y E S S U H Z O
A Y B O A Q S O B Z L Y S U W
S O W U L H I N G K N S L P N
S D L B I O I B C E B E U I E
Z E D Q E T N O M L G H A C Y
K N N O R E S E M L R G Y R N
C B O A Z T G C Y Y D U R O Y
I U M V I K C A R B Y H A N G
R C D N V A R H Y H W H E I I
E K E G R R A A P N O O L N I
L L R T U B Q R M L O R O B J
L E H M M Y U D M B O R H M R
E Y P T K M Y E K Y V C F C I
M C S O A O S U L L I V A N C
```

- ◊ SOPHIE BRACK
- ◊ RENA BUCKLEY
- ◊ MARIE COSTINE
- ◊ CLAIRE CRONIN
- ◊ ANGELA DOWNEY
- ◊ BRIDGET DOYLE
- ◊ DENISE GAULE
- ◊ CIARA GAYNOR

- ◊ MAEVE GILROY
- ◊ BREDA HOLMES
- ◊ DEIRDRE HUGHES
- ◊ ALICE HUSSEY
- ◊ KATE KELLY
- ◊ BRIDIE MARTIN
- ◊ MARION MCCARTHY
- ◊ LINDA MELLERICK

- ◊ PAT MOLONEY
- ◊ TERESA MURPHY
- ◊ AOIFE MURRAY
- ◊ LIZ NEARY
- ◊ FIONA O'DRISCOLL
- ◊ MARY O'LEARY
- ◊ BIDDY O'SULLIVAN
- ◊ YVONNE REDMOND

Popular Songs

```
M N I S U O C O N S H J S I Z
O O D H A R F S N T C G Y D O
N F Z T E E J Y K U N P I K M
D D H E J R L T L I U G I S B
A N B O Z A V R T T P C R O I
Y E O T Y D L I F K L T B O E
S K N R Q L S D Q U U O U Y G
W N L I R I S H F R A R J P E
D U Y A V K L I N G E R A D M
N R T N V C T K M K A R J S Y
A D I G N U C R N G T L G E H
L A M L A W E O R I O A W K T
E A E E U B A A N O R J P A Z
R V B E E L C G N Q Q D O W Y
I I Y L R E L I M E R I C K Q
```

◊ ALL FOR ME GROG

◊ AN IRISH PUB SONG

◊ AULD TRIANGLE

◊ BEAUTIFUL DAY

◊ BEER, BEER, BEER

◊ BUY US A DRINK

◊ DIRTY OLD TOWN

◊ DRUNKEN LULLABIES

◊ FINNEGAN WAKES

◊ GALWAY GIRL

◊ GRACE

◊ I DON'T LIKE MONDAYS

◊ IRISH COUSIN

◊ JUG OF PUNCH

◊ LIMERICK RAKE

◊ LINGER

◊ NIGHT VISITING SONG

◊ ONLY TIME

◊ PARTING GLASS

◊ PLAINS OF KILDARE

◊ SONG FOR IRELAND

◊ THIS IS A REBEL SONG

◊ WILD MOUNTAIN THYME

◊ ZOMBIE

Boys' Names

```
C Á J D M H C A L R Á T L A C
Y Z U A E N G U S L N I Y J A
D P C M R L R A D A E P S H T
E Á N A L L Y F H E D I P F H
A S T L M D A C I U T O D E A
M G A G E R A T C I A R Á N L
O I P E P N O J H R A L L T D
N F Á L N Á D C C I N A O S I
N I C O G H D A T A F H R U A
C A D N A N O R D U G G C M M
I C A O L A N N A R I R A A R
V H B I T N E U Z I K A N E A
O R F S B R I A N D G E C S I
U A Q I B E R O N N T F V A D
Z P Y N H Á N N O I F Á W F Z
```

◊ AENGUS

◊ BRENDAN

◊ BRIAN

◊ CAOLAN

◊ CATHAL

◊ CIARÁN

◊ CORMAC

◊ DIARMAID

◊ DONNACHA

◊ EAMONN

◊ FEARGHAL

◊ FIACHRA

◊ FIONN

◊ JARLATH

◊ LORCAN

◊ NIALL

◊ OISIN

◊ PÁDRAIG

◊ PEADAR

◊ RONAN

◊ RUAIRI

◊ SEAMUS

◊ TADHG

◊ TÁRLACH

Belfast-built Ships

```
A A C I T N A L T A D U C K Z
C I V I C T O R I A N S I V D
I N S U O I R O L G S A P J N
D R C Z N C D R D V I G M C A
A E D I J A I N O N E A Y I L
M B O U N A E T A S Q M L N R
O I U I N A I P E L A O O A A
N H R T C D M E O N A R J E H
L Y A I T A O R P R G E I C D
M R I U C E L N E O U A Z O R
O C A N B E R R A G L E M I A
M A J E S T I C Y L N E G X W
T H R U S T E R U H D M N T D
T S A F L E B N A P X T C E E
X M A Y T E U T O N I C A G P
```

◊ ATLANTIC	◊ GERMANIC	◊ OLYMPIC
◊ BELFAST	◊ GLORIOUS	◊ PENELOPE
◊ BUTTERCUP	◊ HIBERNIA	◊ ROSARIO
◊ CAMPANIA	◊ MAGNETIC	◊ SAGAMORE
◊ CANBERRA	◊ MAJESTIC	◊ TEUTONIC
◊ DUNDONALD	◊ MYRINA	◊ THRUSTER
◊ EDWARD HARLAND	◊ NOMADIC	◊ VICTORIAN
◊ EUROPEAN	◊ OCEANIC	◊ ZEALANDIC

Stage and Screen – Part One

```
Z N S C I M A H G N I N N U C
C A I D F Q P S R O N A N W I
F H R G S N L N D F O Z B A X
A O R N R K E N W N D U Q H V
R O A Z A S G E I F I I N S U
R G H Y B G W E Q E T H Z S M
E C N I H Y R S N A N S O R B
L M T Z Y P Z O N R E S C T N
L T E M E X R N M L Y U J I P
N P G A L S F U O O S B X F K
E C I C N G W O M A K K P R U
G R L G I E T M C R B E C U Z
R A L I G O Y K B K V L I M X
E I E L C G A M B O N L O S S
B G N L M U D Q Q O Z Y X S B
```

◇ PATRICK BERGEN   ◇ AIDEN GILLEN   ◇ COLIN MORGAN

◇ PIERCE BROSNAN   ◇ RICHARD HARRIS   ◇ CILIAN MURPHY

◇ GABRIEL BYRNE   ◇ CIARÁN HINDS   ◇ LIAM NEESON

◇ MAY CRAIG   ◇ DAVID KELLY   ◇ JAMES NESBITT

◇ LIAM CUNNINGHAM   ◇ MOYNA MACGILL   ◇ PETER O'TOOLE

◇ CYRIL CUSACK   ◇ SEÁN MCGINLEY   ◇ SAOIRSE RONAN

◇ COLIN FARRELL   ◇ PATRICK MCGOOHAN   ◇ FIONA SHAW

◇ MICHAEL GAMBON   ◇ COLM MEANEY   ◇ VICTORIA SMURFIT

Castles – Part One

```
C L O U G H O Y A J H Q J U C
I A E R M H A R R E W E G M D
R U E M R F O Z E Y N P D F N
S D B N Y T Z G A N O U R W I
S L Z Y R C A R I M N M O T B
S E W O H R E S A L G T B R S
S Y P O D D K R U T S M U S E
A S U N B I M C J I H B E E N
L D A A L J E B K R N L H K A
G T Y L Z G F R A E I A I Z H
D C E T H G I R B O M H S N S
R N H P J K C A U L F I E L D
A R R A C Y F Q U I N T I N J
S K E T R I C K I N B A N E U
E B A L L Y G A L L Y R L G W
```

◊ ARDGLASS	◊ CLOUGH	◊ PORTORA
◊ AUDLEY'S	◊ DERG	◊ QUINTIN
◊ BALLYGALLY	◊ DUNLUCE	◊ QUOILE
◊ BENBURB	◊ ENNISKILLEN	◊ RATHLIN
◊ BRIGHT	◊ KINBANE	◊ RED BAY
◊ CARRA	◊ KIRKISTOWN	◊ SHANE'S
◊ CAULFIELD	◊ MAHEE	◊ SKETRICK
◊ CHOUD	◊ MOYRY	◊ TANDRAGEE

```
S K G N J Q N K K C B E Y Z T
Y C D T E G A T I M R E H E Y
N B R F A R N H A M N V I E G
O U M U E N R A C R N L N B D
H N O R I H X H A U U H L N L
A C R E O T W L E J G A J A O
M L R L L S L O T A I M H F U
D O I L J I S N L N D I O G T
R D S I K U U L R K N F Z Y H
U Y D V W O A O A C R N O U B
I M A R M S E U H R X A I R K
D P R E H T R A L E E R B A T
S Q G T M V S K O O D A R V Y
U Q A A C O N N E M A R A H Z
A R N W M S T R A N D H I L L
```

◇ ARKLOW
◇ BLAINROE
◇ BUNCLODY
◇ CARNE
◇ CASTLE DARGAN
◇ CONNEMARA
◇ COUNTY LOUTH
◇ CRUIT ISLAND

◇ DOOKS
◇ DRUIDS GLEN
◇ FARNHAM
◇ HEADFORT
◇ HERMITAGE
◇ KILLARNEY
◇ LAHINCH
◇ MAHONY'S POINT

◇ MOUNT JULIET
◇ MOY VALLEY
◇ OLD TOM MORRIS
◇ RATHSALLAGH
◇ ROSSLARE
◇ STRANDHILL
◇ TRALEE
◇ WATERVILLE

Film Locations

```
L U N I L A M U R L O U G H S
N Y Y O U G H T E R A R D A R
O E G N O C D U N Q U I N E Y
T W D H F F I V E R A G H O E
F W C U S H E N D U N O G Q L
A H M Z A V I S V R M C A F T
R E U Y L L C P L Y V L R N S
G L R Z L E A K E E O U R N A
D A D T Y H M H N B A U U A C
E N H H G K G O G X R H C E D
W S T X A W M O O U T I E C H
V O A I P E I V S T O O H A O
M I R G L O R F H N A Y T A D
L W A B J M T U C T U S I K C
N I N U L G Y L L A B D E G E
```

◇ BALLYGLUNIN

◇ BROW HEAD

◇ CAHIR

◇ CASTLE WARD

◇ CEANN SIBÉAL

◇ CLIFFS OF MOHER

◇ CONG

◇ CUSHENDUN CAVES

◇ DUNQUIN

◇ DUNSOGHLY CASTLE

◇ GRAFTON STREET

◇ IVERAGH PENINSULA

◇ LEMON ROCK

◇ MALIN HEAD

◇ MURLOUGH BAY

◇ OUGHTERARD

◇ RATHDRUM

◇ SALLY GAP

◇ SLEA HEAD

◇ THE CURRAGH

◇ TOOME

◇ TRIM CASTLE

◇ WHELAN'S PUB

◇ YOUGHAL

Louis MacNeice Poems and Plays

S	E	C	I	T	S	L	O	S	N	R	B	H	I	E
V	A	Z	S	Q	W	P	B	T	F	M	V	L	I	G
E	Q	R	D	B	E	G	Y	A	D	N	U	S	H	A
G	C	V	L	F	R	G	Y	X	N	K	Q	T	R	S
T	R	I	G	B	U	T	S	T	P	J	N	C	U	S
K	N	A	O	Q	T	E	D	J	R	T	E	J	K	A
D	C	V	V	E	C	U	N	G	A	R	D	E	N	P
M	H	O	H	E	I	G	A	M	Y	L	D	E	I	S
O	T	O	L	L	P	O	L	Y	E	Q	I	H	E	D
T	M	O	M	R	P	L	E	A	R	T	H	P	K	N
N	X	H	W	A	O	I	C	B	N	J	I	Q	Y	A
A	J	W	O	E	G	P	I	T	A	P	H	A	Z	L
H	D	U	Y	L	R	E	Z	A	G	R	A	T	S	S
P	I	T	N	O	E	U	Q	A	N	L	R	G	K	I
C	O	X	N	E	R	S	B	D	T	K	U	A	S	K

◊ *AUTUMN JOURNAL*

◊ *BAGPIPE MUSIC*

◊ *BLIND FIREWORKS*

◊ *EPILOGUE*

◊ *HETTY TO NANCY*

◊ *HIDDEN ICE*

◊ *HOLES IN THE SKY*

◊ *HOMAGE TO CLICHÉS*

◊ *JUNE THUNDER*

◊ *LEAVING BARRA*

◊ *LETTERS FROM ICELAND*

◊ *ONE FOR THE GRAVE*

◊ *OUT OF THE PICTURE*

◊ *PASSAGE STEAMER*

◊ *PERSONS FROM PORLOCK*

◊ *PLANT AND PHANTOM*

◊ *PRAYER BEFORE BIRTH*

◊ *SOLSTICES*

◊ *STAR-GAZER*

◊ *SUNDAY MORNING*

◊ *SUNLIGHT ON THE GARDEN*

◊ *THE DARK TOWER*

◊ *THE EARTH COMPELS*

◊ *THE MAD ISLANDS*

Rivers

```
H U E E X R Y M F M G J C E P
A A Y A R W Q N O F B G N H B
N N R J F O Z Y T A I Z A L R
T N N Z O K N Y L V G R N A I
E A A O Y A R E U G O I R T D
R L L B L Q A O N P F J O E E
M E C T E L E B V A I F M U H
O E Y L L P K O A C G O N D S
N C K Y I E L T R U I A E A I
N R B K W M U F T N L R L R R
E X O A V V M Y R A E K G G D
K C O V R E D D Y E T W A L W
P R M B P R T Y N D N K O E K
P O D D L E O C A M R A C H U
L A F E N G G W T E N Y O B E
```

◊ ANNALEE

◊ BALEALLY

◊ BANN

◊ BARROW

◊ BOYNE

◊ BRIDE

◊ CARMAC

◊ CLANRYE

◊ DARGLE

◊ DERVOCK

◊ DRISH

◊ ERRIFF

◊ FIGILE

◊ FOYLE

◊ GLENMORNAN

◊ LAGAN

◊ MOYNALTY

◊ MULKEAR

◊ NORE

◊ OWENROE

◊ PODDLE

◊ TERMON

◊ TRIOGUE

◊ VARTRY

Successful Irishwomen

```
Y H P R U M H T A R G C M H P
Y D E N N E K I Y H C M A G X
N N R E H A O Q W E T H A Q L
N H A C K E T T G N H U F Y B
I T V L Q A Z M N I G A N K G
V X N V Y L T O C L H C F I W
E E F A E G D Y A N H T B R E
D H R B G N X S E G U N H W S
I C A D O R C M N L E L B A E
T Y N C K O O T E Y K A T N E
A N C K T Y O H E H Y C C Y L
L E I T A L G A R J B S U P A
I N O S B O H L G R W N J B C
Y I S C A L L O N M K O E Q M
J U I B M D E V L I N W Q D R
```

◊ CECELIA AHERN

◊ NIAMH ALGAR

◊ JESSIE BUCKLEY

◊ KERRY CONDON

◊ JANET DEVLIN

◊ SIOBHAN FAHEY

◊ AISLING FRANCIOSI

◊ JENNIFER GIBNEY

◊ FIONA GLASCOTT

◊ SARAH GREENE

◊ ROSIE HACKETT

◊ VALERIE HOBSON

◊ SHARON HORGAN

◊ MARIA KENNEDY

◊ DERVLA KIRWAN

◊ EVANNA LYNCH

◊ IMELDA MAY

◊ MARY MCALEESE

◊ KATIE MCGRATH

◊ KAY MCNULTY

◊ RÓISÍN MURPHY

◊ SISTER NIVEDITA

◊ DANA SCALLON

◊ CARMEL SNOW

```
G C H R B J F O W N A G R O M
E K Z L Y V I F Y G G A R C E
S N U N C T I O U S K B Y O Y
R E R I U G C M A D J L K M Z
O W L D P S V M F A L E M P G
H J E C J U E V V I L M N E I
A A S U A R R I R L B R P T L
C C G W I T C C Y M Y S J I E
K K N C E T N I E C H D F T U
E C A A O H S E Z L Q O O I G
T I U R H V T P T Y L Y W O A
T T Y V Z E O T M N I L O N L
W Y Y B R E N N A N H E M Y P
N M F P D D E I K M W V A D J
U S S T T I B U L U S V N S N
```

◊ *AND GOD CREATED WOMAN*

◊ BISHOP BRENNAN

◊ *COMPETITION TIME*

◊ TED CRILLY

◊ MRS DOYLE

◊ LARRY DUFF

◊ *ESCAPE FROM VICTORY*

◊ *GOING TO AMERICA*

◊ JACK HACKETT

◊ CRAGGY ISLAND

◊ FRANK KELLY

◊ GRAHAM LINEHAN

◊ ARTHUR MATTHEWS

◊ DOUGAL MCGUIRE

◊ PAULINE MCLYNN

◊ DERMOT MORGAN

◊ *MY LOVELY HORSE*

◊ *NEW JACK CITY*

◊ AUSTIN PURCELL

◊ PAUL STONE

◊ *TENTACLES OF DOOM*

◊ *THE PASSION OF ST TIBULUS*

◊ *THE PLAGUE*

◊ TOD UNCTIOUS

Counties and Provinces

```
K E P T M S G O Y D O W N U W
S K B S L S J H R Z N Y O U V
R N W I K M T J A N R C V H T
T D G O R U E J R R S E K K O
H O T A O N N T E W I R I E A
C L K L C S O K P O A A L D G
A I R B Z T R Y P L W L K W A
N M S N Y E Y T I R G C E N A
N E D A A R T F T A B Y N I N
O R O H R V F A L C E D N L T
C I N G Z N A W M E L N Y B R
C C E A R N A C O C F M V U I
V K G N N Y A W M E A T H D M
N G A O F F A L Y Y S S R H Z
T E L M Q K V K O L T D N Q D
```

◊ ANTRIM

◊ BELFAST

◊ CARLOW

◊ CAVAN

◊ CLARE

◊ CONNACHT

◊ CORK

◊ DONEGAL

◊ DOWN

◊ DUBLIN

◊ GALWAY

◊ KERRY

◊ KILKENNY

◊ LAOIS

◊ LIMERICK

◊ LOUTH

◊ MAYO

◊ MEATH

◊ MONAGHAN

◊ MUNSTER

◊ OFFALY

◊ SLIGO

◊ TIPPERARY

◊ TYRONE

International Rugby Stars

```
N G N N S K C Z N G L C M J Q
L N O A E G C J J N N O U A U
T A T Y Y N N H T U C N R D E
G N X R A J K V M O S A P D L
I R E S H U M A N Y U N H O W
B E S T T U J N F S Y K Y O A
S I W N L R E N Y J Y T Z W H
O K Y L A L I S I L E A R L S
N A I R L G E N R A L L I M N
R N P T E M G L G K H I P U E
O R K E C T V U Y E W Z E A H
R A O W K C T U D K R T W R R
V U V O S N Z A Y A R R U M O
K W F B Y G N O L R U F A R N
H R U F E D Y B Q S R G H J J
```

◊ RORY <u>BEST</u>

◊ TOMMY <u>BOWE</u>

◊ JACK <u>CONAN</u>

◊ WILLIE <u>DUGGAN</u>

◊ KEITH <u>EARLS</u>

◊ TADHG <u>FURLONG</u>

◊ MIKE <u>GIBSON</u>

◊ JOHN <u>HAYES</u>

◊ ROBBIE <u>HENSHAW</u>

◊ MIKE <u>KIERNAN</u>

◊ JACKIE <u>KYLE</u>

◊ SYD <u>MILLAR</u>

◊ BRENDAN <u>MULLIN</u>

◊ GEORDAN <u>MURPHY</u>

◊ CONOR <u>MURRAY</u>

◊ PAUL <u>O'CONNELL</u>

◊ TONY <u>O'REILLY</u>

◊ PHILIP <u>ORR</u>

◊ JAMES <u>RYAN</u>

◊ JOHNNY <u>SEXTON</u>

◊ FERGUS <u>SLATTERY</u>

◊ PETER <u>STRINGER</u>

◊ KEITH <u>WOOD</u>

◊ ROGER <u>YOUNG</u>

```
D S Y C H E S T E R T O N O E
N O S Z A Y T S M R S W S B G
P A C E K D E S I R P R U S A
Y P M K R M G L R C N O T E D
S A M D M G O F A V E L R R N
G D E O I G E M C Q P J I V O
N U S L Y V P R L X H S L E B
I K K G E B A R E J R A E D X
L T H R E L E D S F I Y M K R
K F I L E M T C T U T E M X K
N A L I Y L R T L P I R A I O
I C V D Z O C W I Z S K L S T
N E G R Y Q U T P L A N E T O
T S Y Y T I N A I T S I R H C
H O M E G U A R D N M O O R E
```

◇ *A GRIEF OBSERVED*

◇ CAMPBELL COLLEGE

◇ G K CHESTERTON

◇ N W CLERK

◇ JOY DAVIDMAN

◇ *DYMER*

◇ *GOD IN THE DOCK*

◇ HOME GUARD

◇ INKLINGS

◇ LITTLE LEA

◇ MERE CHRISTIANITY

◇ *MIRACLES*

◇ JANIE KING MOORE

◇ NEPHRITIS

◇ *OUT OF THE SILENT PLANET*

◇ GEORGE SAYER

◇ SOMME VALLEY

◇ *SPIRITS IN BONDAGE*

◇ *SURPRISED BY JOY*

◇ THE KILNS

◇ *THE PILGRIM'S REGRESS*

◇ *THE SPACE TRILOGY*

◇ *TILL WE HAVE FACES*

◇ TRILEMMA

Tower Houses

```
H G U O D D D H N D A R V E R
S H A C K E T T A A I B J V T
N S P E N S S N G M H N G S H
A Y H Q R M W V N J B G J G R
D R T F O O I C A C Z M O E E
R R A M T N M C D A U V L L E
O E R H H D U N G U A I R E C
J F S A U G H N A N U R E Z A
F A K K S N I L G R N U E R S
I T L B I H M R A L O O V E T
D R U V D L E Z E Q T L E D L
D O O V D G C M T H S U S W E
A P F Z A D X R J R O D Y O S
U R G N D M C M E P B M Z O X
N O S T U R V E Y A Z G C D D
```

◊ ASHTOWN

◊ AUGHNANURE

◊ BOSTON

◊ CLOGHAN

◊ DANGAN

◊ DARVER

◊ DESMOND

◊ DOUGH

◊ DUNGUAIRE

◊ FIDDAUN

◊ FOULKSRATH

◊ GLINSK

◊ GREGANS

◊ HACKETT

◊ JORDANS

◊ KILCREA

◊ MOHER

◊ OOLA

◊ ORANMORE

◊ PORTAFERRY

◊ REDWOOD

◊ REEVES

◊ THREECASTLES

◊ TURVEY

An Irish Airman Foresees His Death
by W B Yeats

```
C D N I H E B T G S E S O H T
K L F I G H T U G D H F A P V
I O O O I Y A N C W T Y T U D
L V S U E R I R M O A S H B N
T E B A D R O B K R E S G L I
A G R W E S E R O C D O U I M
R S H E S L R E H L K L O C E
T S H A D T O A Y Y O K R H E
A C T R T W F T L R B N B D T
N X O L A E E H E T A O E E A
S V F S U V B I K N L W F L F
E U T E A M P Y I U A G I I Y
F E M E L P U A L O N F L G E
U O L A A Y L T K C C Q Y H B
C S W H S O M E W H E R E T H
```

I <u>know</u> that I shall <u>meet</u> my <u>fate</u>

<u>Somewhere</u> among the <u>clouds</u> above;

Those that I <u>fight</u> I do not <u>hate</u>,

Those that I <u>guard</u> I do not <u>love</u>;

My <u>country</u> is Kiltartan <u>Cross</u>,

My countrymen <u>Kiltartan's</u> poor,

No <u>likely</u> end could bring them <u>loss</u>

Or <u>leave</u> them <u>happier</u> than <u>before</u>.

Nor <u>law</u>, nor <u>duty</u> bade me fight,

Nor <u>public</u> men, nor <u>cheering crowds</u>,

A <u>lonely</u> impulse of <u>delight</u>

<u>Drove</u> to this <u>tumult</u> in the clouds;

I balanced all, <u>brought</u> all to <u>mind</u>,

The <u>years</u> to <u>come</u> seemed <u>waste</u> of breath,

A waste of <u>breath</u> the <u>years</u> <u>behind</u>

In <u>balance</u> with this <u>life</u>, this <u>death</u>.

```
H  Y  É  H  L  V  A  N  N  E  V  A  R  S  A
M  A  G  D  A  L  E  N  W  M  C  T  Y  U  D
D  R  R  P  P  W  X  A  K  H  M  V  D  I  G
E  T  B  É  V  I  B  I  A  J  L  A  E  C  L
P  R  O  J  R  N  W  R  É  H  P  Y  G  G  A
R  E  S  M  T  D  M  O  D  S  I  W  A  H  E
O  H  V  U  I  I  D  T  A  Z  A  R  U  D
F  C  U  D  D  L  I  G  B  O  X  I  T  M  I
U  A  Y  E  H  S  T  S  A  I  N  T  E  A  M
N  E  S  N  A  W  P  O  M  O  P  D  A  N  Y
D  T  U  L  D  H  H  H  N  X  L  K  C  I  S
I  B  O  W  I  I  E  Y  P  R  O  S  E  T  T
S  M  C  N  F  L  O  W  E  R  S  U  D  A  I
É  D  X  K  A  P  A  N  T  H  E  A  P  D  C
M  É  G  S  N  E  D  R  A  G  N  Z  F  J  A
```

◊ A FLORENTINE TRAGEDY

◊ AN IDEAL HUSBAND

◊ BALLAD OF READING GAOL

◊ CHARMIDES

◊ DE PROFUNDIS

◊ FLOWERS OF GOLD

◊ HELAS

◊ HUMANITAD

◊ LA SAINTE COURTISANE

◊ LADY WINDERMERE'S FAN

◊ MAGDALEN WALKS

◊ PANTHEA

◊ POEMS IN PROSE

◊ RAVENNA

◊ ROSA MYSTICA

◊ SALOMÉ

◊ THE DUCHESS OF PADUA

◊ THE GARDEN OF EROS

◊ THE PICTURE OF DORIAN GRAY

◊ THE SPHINX

◊ THE TEACHER OF WISDOM

◊ TO MILTON

◊ WIND FLOWERS

```
I  L  C  O  Á  H  Y  C  R  O  M  D  U  B  H
I  S  H  N  D  G  N  E  C  N  W  W  O  Á  Y
K  T  A  N  Á  T  A  O  L  O  D  L  G  F  W
I  S  R  N  F  N  P  P  L  A  I  M  Y  E  G
L  O  L  U  A  P  N  K  S  H  H  H  R  E  N
G  H  E  W  I  H  C  A  S  A  A  W  R  K  I
O  G  V  N  S  I  A  V  N  R  U  A  E  A  P
B  H  I  F  W  K  E  L  R  A  G  L  D  L  E
B  E  L  R  E  H  W  I  L  B  M  A  L  L  E
I  L  L  S  T  T  E  K  C  U  D  G  O  I  W
N  L  E  H  Q  T  C  O  S  J  D  I  O  K  K
W  F  Q  O  S  D  Y  H  K  P  S  R  C  Á  I
L  I  I  F  D  A  R  B  Y  S  A  R  D  W  B
Á  R  J  Á  L  A  T  Y  D  A  L  E  U  L  B
V  E  N  O  T  S  R  E  M  L  A  P  L  P  S
```

◊ BALLYGALLY'S <u>GHOST</u> ROOM

◊ BURN-CHAPEL <u>WHALEY</u>

◊ <u>CHARLEVILLE</u> CASTLE

◊ <u>COOLDERRY</u>

◊ <u>CROM DUBH</u>

◊ DUCKETT'S GROVE

◊ <u>ERRIGAL</u> GRAVEYARD

◊ <u>FETCH</u> APPARITIONS

◊ <u>HELLFIRE</u> CLUB

◊ HILL OF <u>WEEPING</u>

◊ <u>KILGOBBIN</u> CASTLE

◊ <u>KILLAKEE</u> DOWER <u>HOUSE</u>

◊ <u>KILLUA'S</u> PHANTOM

◊ LEAP'S BLOODY <u>CHAPEL</u>

◊ LILITH <u>PALMERSTON</u>

◊ LITTLE <u>HARRIET</u>

◊ LOUISA <u>COPPIN</u>

◊ <u>MANANNÁN</u> MAC LIR

◊ MILDRED <u>DARBY'S</u> SPIRIT

◊ PORTLICK'S <u>BLUE LADY</u>

◊ <u>TASH</u>

◊ THE <u>DULLAHAN</u>

◊ <u>THEVSHI</u>

◊ <u>WICKLOW</u> GAOL

Racehorses

```
F T P V D K F W A A O I Y Y G
S U S Q E P O R U E Z D E L O
H S F R E R Q B L K R A K W F
E B Q U A J S I Y P T W S E Y
R R E G I T L E S S G N A J Y
G B A Z O A S D R F W R L J E
A S S A G C Q B S T Q U M M L
R I T R N I X B A Y H N O R R
M Y G K E L B M O T M G N E O
G V E A K F V T U V T Q I V M
O A O V E D I R P R I A B L Y
L V R A G A R D E N D N A I F
D Q G K Q X I O F R Y E N S Q
E E E Y L E B H T V Z B R I H
N M L I M E S T O N E G Y O E
```

◊ ARKLE

◊ BATTAASH

◊ BEEF OR SALMON

◊ BIG ZEB

◊ DAWN RUN

◊ DORANS PRIDE

◊ FURTHER FLIGHT

◊ GALILEO

◊ GOLDEN MILLER

◊ HURRICANE FLY

◊ LIMESTONE LAD

◊ MONET'S GARDEN

◊ MORLEY STREET

◊ ORDER OF
ST GEORGE

◊ RED RUM

◊ SAGARO

◊ SEA THE STARS

◊ SHERGAR

◊ SILVER BUCK

◊ SIZING EUROPE

◊ TIGER ROLL

◊ VINNIE ROE

◊ YEATS

◊ ZARKAVA

```
F N M L V Y U Y Y N I T S E D
R E I Y Á E J A R N C V J A G
A K R C V T R P Y É A F R J Y
T O É E C R I T I C B N C D G
N O P U U I T K S O E M B A O
O R S M S N C I H T O G Á L M
L C R Á N I M L S C N Q T V B
C G E L I T R E T Y H A H L E
S A K Z A Y W M M U L Y O G E
B R R U L S Á W I U O B R P N
J L A M S E C L C N G T Y P E
Á I H J I T F A H R Á I I A G
S C W M V L R A A V J H U S V
H T A E D D L Y N M R W P S U
N E D U R C E A S U T É P L O
```

◊ ELIZABETH BÁTHORY

◊ *CARMILLA*

◊ *THE CHAIN OF DESTINY*

◊ CLONTARF

◊ COUNT DRACULA

◊ CROOKEN SANDS

◊ CRUDEN BAY

◊ GARLIC FLOWERS

◊ GOTHIC FICTION

◊ JONATHAN HARKER

◊ SHERIDAN LE FANU

◊ LYCEUM THEATRE

◊ MINA MURRAY

◊ SLAINS CASTLE

◊ *THE SNAKE'S PASS*

◊ ST MICHAN'S CRYPT

◊ THEATRE CRITIC

◊ *THE BRIDAL OF DEATH*

◊ *THE GOMBEEN MAN*

◊ TRINITY COLLEGE

◊ ÁRMIN VÁMBÉRY

◊ VLAD THE IMPALER

◊ LUCY WESTENRA

◊ WHITBY

Irish Americans in the White House

```
F H M R O O S E V E L T B V T
D J A C K S O N V B S E C P V
Z L N R K E N N E D Y C A Q Q
T Q A A M I C N O S I R R A H
A Y G S E E N L H L A E T J J
A M A B O N F L E A B I E N N
L J E E A C O Q E V R P R O T
N E R B R N H S N Y E D S X A
O F Z Z U Y A A I Z G L I I F
S F P A H J M N H D I P A N T
N E V U T U T W A W A J N N G
H R O H R N I M Y H H M E Z D
O S P T A J F M H D C E D A S
J O U R C L I N T O N U I E M
G N G B S B H E L B Y R B N J
```

◊ CHESTER A <u>ARTHUR</u>

◊ JOE <u>BIDEN</u>

◊ JAMES <u>BUCHANAN</u>

◊ GEORGE <u>BUSH</u>

◊ JIMMY <u>CARTER</u>

◊ GROVER <u>CLEVELAND</u>

◊ BILL <u>CLINTON</u>

◊ ULYSSES S <u>GRANT</u>

◊ WARREN <u>HARDING</u>

◊ BENJAMIN <u>HARRISON</u>

◊ ANDREW <u>JACKSON</u>

◊ THOMAS <u>JEFFERSON</u>

◊ ANDREW <u>JOHNSON</u>

◊ JOHN F <u>KENNEDY</u>

◊ DOLLY <u>MADISON</u>

◊ WILLIAM <u>MCKINLEY</u>

◊ RICHARD <u>NIXON</u>

◊ BARACK <u>OBAMA</u>

◊ JANE <u>PIERCE</u>

◊ RONALD <u>REAGAN</u>

◊ ELEANOR <u>ROOSEVELT</u>

◊ WILLIAM <u>TAFT</u>

◊ HARRY S <u>TRUMAN</u>

◊ WOODROW <u>WILSON</u>

H C N K U Q T Y P U U H N A W
R Z I U K D A E T S P M A H X
W L G Y D A R K B L U E G S P
G E H O Y W A O T R O J A N L
R Y T R F L U W O E B F Z B A
E R H T B N W K M O E F Z S C
E A A A T E R O O T U L P G I
N V R Y I O U N R D C F C I D
P L R E P N I I R F D R K C C
U A Y I T L B E O C Q A X V V
R C Q A R O J R W U O N N Z V
S B I E W Q O Q U C N K E W W
U N B G S A C H N G P I V G J
I V Z I R I S H S T E E A G S
T Z A L B E R T N A Y S R M N

◊ *ALBERT NOBBS*
◊ *ALONE IN BERLIN*
◊ *BEOWULF*
◊ *BLACK IRISH*
◊ *BREAKFAST ON PLUTO*
◊ *CALVARY*
◊ *COLD MOUNTAIN*
◊ *DARK BLUE*

◊ *EDGE OF TOMORROW*
◊ *FAR AND AWAY*
◊ *FRANKIE*
◊ *GREEN ZONE*
◊ *HAMPSTEAD*
◊ *IN BRUGES*
◊ *LAKE PLACID*
◊ *LIVE BY NIGHT*

◊ *PERRIER'S BOUNTY*
◊ *PURSUIT*
◊ *SAFE HOUSE*
◊ *SIX SHOOTER*
◊ *THE RAVEN*
◊ *TROJAN EDDIE*
◊ *TROY*
◊ *WILD ABOUT HARRY*

Film Makers

```
A N G A N J C N A D I R E H S
P J L A W A M H L A N F Z Y P
A R J C U S H M W Y G W G O N
M O J U U N O E W R R A P F I
Q N O L N O N E R B A L G R I
F N R I R R N Y K C M S E Y C
B O D E P R E N N Y N H T E A
O C A F C A L A I I N D W L R
O O N V J B N J E U R J O W N
R I C H A R D S B A Q U M O E
M D B E E G H L R A F T E R Y
A H J I H T A R A G Y O Y C Q
N M T A D C E Y R O L C C M C
I C L K K G W A L L A C E G H
K L M C D O N A G H Y M D K B
```

◇ STEVE BARRON	◇ DOUGLAS GERRARD	◇ ROBERT QUINN
◇ CATHAL BLACK	◇ TOM HALL	◇ MARY RAFTERY
◇ JOHN BOORMAN	◇ REX INGRAM	◇ SHELAH RICHARDS
◇ HERBERT BRENON	◇ NEIL JORDAN	◇ JIM SHERIDAN
◇ JOHN CARNEY	◇ MARTIN MCDONAGH	◇ GREG TIERNAN
◇ AOIFE CREHAN	◇ KEVIN MCCLORY	◇ NORA TWOMEY
◇ JOHN CROWLEY	◇ TOMM MOORE	◇ JOHN WALLACE
◇ CIARÁN FOY	◇ PAT O'CONNOR	◇ DEARBHLA WALSH

Distilleries

```
H X W C K H G S H E D M O T N
Y B L A C K W A T E R D J R E
M Y F N C S E G X R V B H U W
S Y I X R O N K R D K A E B M
L H S T E I O I E N R N C L I
I B T E L V B L J E A D H M D
A O T E G J W L Y L D O L K L
B A E R N L O O S G E N I S E
H T K T I I R W W M M V N A T
L Y C S D C R E Q E O O V M O
I A A W R H A N T G N O I H W
A R H O M M T K B Y X L G N
G D M B C O P E L A N D L U W
P A U S L L I M H S U B E O G
C X L U E Y T L I K A N O L C
```

◊ BANDON	◊ COPELAND	◊ LOUGH MASK
◊ BLACKWATER	◊ CROMAC	◊ MARROWBONE
◊ BOATYARD	◊ DINGLE	◊ NEW MIDLETOWN
◊ BOW STREET	◊ ECHLINVILLE	◊ RADEMON
◊ BURT	◊ GLENDREE	◊ SHED
◊ BUSHMILLS	◊ HACKETT'S	◊ SLANE
◊ CLONAKILTY	◊ HINCH	◊ SLIABH LIAG
◊ COOLY	◊ KILLOWEN	◊ TEELING

Association Football Clubs

```
F H U A B M C V U Y W F G V L
T S D R O F R E T A W I J D Q
F R A N K F O R T R Y N M V Q
I D W D K J Q R D B V G F V Y
O J A C O B S K D D Z A I N V
A L L I H T L A S S D L N B S
T P Y C Z A A S A O O S N T E
H E V M D U R T L E N N P H M
L R C N P E Z P H A U A S B O
O A U C E I H P I L T V O O H
N D C N C I A M R R E U R C B
E L O O N Y E W I N Y T N E R
V I R K R H K C I R E M I L M
P K P K O E K S H A M R O C K
P M P B J S N A H G A N O M L
```

◊ ATHLONE TOWN

◊ BOHEMIANS

◊ BRAY WANDERERS

◊ COBH RAMBLERS

◊ CORK CITY

◊ DOLPHIN

◊ DUNDALK

◊ FINN HARPS

◊ FORDSONS

◊ FRANKFORT

◊ HOME FARM

◊ JACOBS

◊ KILDARE COUNTY

◊ LIMERICK

◊ MERVUE UNITED

◊ MIDLAND ATHLETIC

◊ MONAGHAN UNITED

◊ OLYMPIA

◊ PIONEERS

◊ SALTHILL DEVON

◊ SHAMROCK ROVERS

◊ SPORTING FINGAL

◊ ST PATRICK'S ATHLETIC

◊ WATERFORD

```
U S Z S K E T H M D M G I M E
H A O L L A H L O O W T K L S
T Q K C F L A I R O L G F M E
Y P R A L P J R N C K F K Y L
Y Z M O Y F I T I M I E P S R
O E S E C S G T L K E P R T A
L U N U O C L L S R I L E I H
A O I N B E A M A E N Z V C C
H N A N C I C M T T N F I A N
A A T Z O C M R C S O A E S A
M O F L A T P W D L R I W T V
J N E D L O G B A U U R I R A
A R I G S B E E A L N F N A L
T D H G V C R E M N K A T L O
H R C A R N E G I E G X R Y N
```

◊ *ASTRAL* WEEKS

◊ *AVALON SUNSET*

◊ BANG RECORDS

◊ CARNEGIE HALL

◊ CELTIC SOUL

◊ RAY CHARLES

◊ FAIRFAX, CA

◊ GEORGIE FAME

◊ GLORIA

◊ GOLDEN PLATE

◊ JOHN LEE HOOKER

◊ *INTO THE MYSTIC*

◊ SHANA MORRISON

◊ JANET RIGSBEE

◊ MICHELLE ROCCA

◊ RONNIE SCOTT'S

◊ *SAINT DOMINIC'S PREVIEW*

◊ TAJ MAHAL

◊ THE CHIEFTAINS

◊ *THE SKIFFLE SESSIONS*

◊ *TUPELO HONEY*

◊ ULSTER SCOTS

◊ WALK OF FAME

◊ WOOL HALL

Birds of Ireland

```
X L K V B F N D J K U D Y W H
E I K N J A R W H I M B R E L
P A P B R A M B L I N G D M P
O T W X H J T S S Y H N V S S
R N B C Y B E R U T L U V K N
A I O L S R E L B R A W C M S
L P X L U A A J N S F I V B U
A K L A O N R U H I W B E A N
H G B W C T B C K E L H O N W
P Z N D U Q A S B S K N T P I
P K K A A E K K M A T N U Y G
X D W G L P G F F K E A G D E
C H O U G H H A J R C I E X O
W H I N C H A T B S R P S R N
T N I T S J A C K S N I P E G
```

◊ BEAN GOOSE

◊ BEWICK'S SWAN

◊ BLACK BRANT

◊ BRAMBLING

◊ BRENT GOOSE

◊ CHOUGH

◊ DUNLIN

◊ GADWALL

◊ GLAUCOUS GULL

◊ GREAT SKUA

◊ GRIFFON VULTURE

◊ JACK SNIPE

◊ LEACH'S PETREL

◊ LITTLE STINT

◊ PINTAIL

◊ PHALAROPE

◊ POCHARD

◊ SCAUP

◊ SMEW

◊ SURF SCOTER

◊ WIGEON

◊ WHIMBREL

◊ WHINCHAT

◊ WOOD WARBLER

Female Saints

```
A O E V A S P X L K C W Z D E
I I A P A N N O H C A D A W N
M F N D K A T A G W N D T D N
E B Z N H K M E D A N A H B I
F V R T Y L A I N O M I R G N
V T M E E C H E D C J O A L O
E A A D A A B N M I N D C Y M
S A I N R G A E A A G M H G L
Z F X O M Z E N G R S I T C O
R E B A F A H H N N E K R L B
E E B M Q P D O K A E I O B J
D F N J M M O D W E N T K H H
O Z H Y C W B U R I A N A N R
G W D K A O H A C R E R A D M
K A E H C N A F N A U I D E S
```

◊ ATHRACHT   ◊ DAMNAT   ◊ FEMIA

◊ BEGNET   ◊ DARERCA   ◊ FIDELMA

◊ BREAGE   ◊ DEBORAH   ◊ GRIMONIA

◊ BRIGID   ◊ DYMPHNA   ◊ IDES

◊ BRONAGH   ◊ EDANA   ◊ KIERA

◊ BURIANA   ◊ ENYA   ◊ MODWEN

◊ CYNNIA   ◊ FABER   ◊ MONINNE

◊ DACHONNA   ◊ FANCHEA   ◊ SAMTHAN

Modern Writing

```
H F L E S J C A A B B O M R S
T Y K W B T R S D L O G A B E
U E H T H D P K S Z J L Y S I
R V A Y D N N I F E O M R G C
T I M M O H M N O S R P O L A
R T N C U U E G S I N T T F M
E A E I M L N E T D G C C U I
S G T T L I L G E P E Y A A T
P E W E T P L I R A D R F T N
A N B I O Q O K G F G L T K I
S R C E V V L P M A Z E V A E
S X P C P H I D O A N G E R H
E P S U W Z V S W I N T E R O
S H Y S T N E M E S U M A H R
N L E V N P R F L O W E R S M
```

◊ *ACTRESS*

◊ *ASKING FOR IT*

◊ *A WEEK IN WINTER*

◊ *BECOMING BELLE*

◊ *EXCITING TIMES*

◊ *FACTORY GIRLS*

◊ *FOSTER*

◊ *GREAT HATRED*

◊ *HAMNET*

◊ *INTIMACIES*

◊ *MILKMAN*

◊ *NEGATIVE SPACE*

◊ *NORMAL PEOPLE*

◊ *NORTHERN SPY*

◊ *NOTES TO SELF*

◊ *PURE GOLD*

◊ *SOLAR BONES*

◊ *STRANGE FLOWERS*

◊ *THE AMUSEMENTS*

◊ *TRESPASSES*

◊ *TRUTH BE TOLD*

◊ *UNRAVELLING OLIVER*

◊ *WE WERE YOUNG*

◊ *WHO TOOK EDEN MULLIGAN?*

Historic Buildings – Part Two

```
N N M O U N T S T E W A R T T
A A L O N G U E V I L L E T N
E S T R A N O C U M L H G R U
O S K C I L T R O P E I I U O
K I L G O B B I N R N L R O M
E L N I U Q I H C N I L R C H
B E N V A R D E N K T S A E C
A Y R O G R A E H T N B C C E
P A R K A N A U R R A O L N E
Y Y D O R B N U D W M R Q E B
D M O N E A S H B R O O K R M
A D E R R Y M O R E R U Z O G
V D T C L I F T O N D G Z L I
J L W U E I L U A E B H I F H
I N N I S H A N N O N N Y G G
```

◊ ASHBROOK	◊ DUNBRODY	◊ LONGUEVILLE
◊ BEAULIEU	◊ FLORENCE COURT	◊ MARKREE
◊ BEECHMOUNT	◊ GLIN	◊ MONEA
◊ BENVARDEN	◊ HILLSBOROUGH	◊ MOUNT STEWART
◊ CARRIG	◊ INCHIQUIN	◊ PARKANAUR
◊ CLIFTON	◊ INNISHANNON	◊ PORTLICK
◊ DERRYMORE	◊ KILGOBBIN	◊ STRANOCUM
◊ DROMANTINE	◊ LISSAN	◊ THE ARGORY

Gaelic Games Clubs

```
S K C O R A R A T H V I L L Y
L D A N E S F O R T F S O T P
K L N Y L O O G L E B I E A N
S D I M I R T S O M I B L T O
E R O H T R E M A N E A P S T
L O C Z O B T I N C T O Q N T
F F N Q L M C I T I U K H A O
N N O Q E O S I N E E R A L C
E I O K R K V E U M A K B L L
L W M O E E D C O D A L A E I
G S F E Z S J Z M M T I R R K
L I N W I L D G E E S E N G R
N H S I N R A G E I U Y A T V
E L O G I R D A R T L A C S G
B A L L Y F A D F F G C J I G
```

◇ ADRIGOLE

◇ BALLYFAD

◇ BARNA

◇ BECTIVE

◇ BELGOOLY

◇ CALTRA

◇ CLAREEN

◇ COROFIN

◇ DANESFORT

◇ FREEMOUNT

◇ GARNISH

◇ GLENFLESK

◇ INNISKEEN

◇ KILCOTTON

◇ MOHILL

◇ MOONCOIN

◇ MOSTRIM

◇ PALATINE

◇ RATHVILLY

◇ ST GRELLAN'S

◇ SWINFORD

◇ TARA ROCKS

◇ TREMANE

◇ WILD GEESE

Poets

```
Z Í C N A N N E R G R Y D W P
C H H H G A N A V A K N N É M
O M E I R E M O N G E R A H C
C A É A F O Í R H G Í N L M M
A H M O N T A G U E T D O L O
L G E G K E U É P R T F B E O
L N I N U E Y É W T Z L I D R
E I D O D O N N E L L O H W E
S L R R E T Y N A N W N M I S
N L A T H A T C E É É G U D K
I A H S Q R I B C L R L R G Í
K N G H A O A B W R L E P E R
H Í T H E D L I W W L Y H M R
M U L D O O N Í O Y V R Y H U
H S N A R O B E B A I R É A D
```

◊ WILLIAM ALLINGHAM

◊ RIOCARD BAIRÉAD

◊ EAVAN BOLAND

◊ PAT BORAN

◊ EAMON GRENNAN

◊ KERRY HARDIE

◊ MICHAEL HARTNETT

◊ SEAMUS HEANEY

◊ VALENTIN IREMONGER

◊ PATRICK KAVANAGH

◊ BRENDAN KENNELLY

◊ THOMAS KINSELLA

◊ FRANCIS LEDWIDGE

◊ MICHAEL LONGLEY

◊ JOHN MONTAGUE

◊ THOMAS MOORE

◊ PAUL MULDOON

◊ RICHARD MURPHY

◊ DOIREANN NÍ GHRÍOFA

◊ MARY O'DONNELL

◊ EITHNE STRONG

◊ JONATHAN SWIFT

◊ KATHARINE TYNAN

◊ JANE WILDE

Male Saints

J	N	D	J	G	O	B	H	A	N	A	S	S	E	N
K	E	P	L	A	E	E	A	P	F	K	X	T	N	E
A	C	H	N	O	I	R	E	Y	W	G	I	S	O	H
P	T	P	T	Q	R	O	A	R	A	G	O	N	J	C
H	G	H	X	E	B	C	D	L	E	B	N	A	K	T
S	E	P	C	E	N	P	A	R	D	R	G	L	C	E
U	C	Q	O	O	H	N	N	A	E	R	C	I	O
L	D	C	B	Z	M	A	E	C	V	N	E	E	R	M
L	F	M	D	C	C	K	T	K	N	D	F	D	T	O
E	N	O	Y	H	F	I	Q	W	Z	A	O	T	A	G
H	J	L	F	I	N	B	A	R	Z	N	Y	J	P	U
C	I	I	L	U	C	A	T	A	L	D	U	S	G	E
A	X	N	N	A	G	O	R	B	N	A	D	I	A	Y
S	Z	G	N	P	G	Y	N	A	N	O	R	X	G	M
J	M	V	L	W	G	A	I	A	C	C	A	M	O	S

◊ AIDAN   ◊ FINBAR   ◊ MOGUE

◊ BEOC   ◊ GALL   ◊ MOLING

◊ BRENDAN   ◊ GERALD   ◊ NESSAN

◊ BROGAN   ◊ GOBHAN   ◊ ODRAN

◊ CATALDUS   ◊ KENNETH   ◊ PATRICK

◊ DECLAN   ◊ LORCAN   ◊ RONAN

◊ ETCHEN   ◊ MACCAI   ◊ SACHELLUS

◊ FERGNO   ◊ MOCHTA   ◊ TIGERNACH

```
N X N A I P S A C S H A S T A
E L O P E P K E K R I K G Y L
D N T S T O N E T A B L E R N
L T A F J Y I C A L O R M E N
O M R I I G A W O L T C T M X
S A C U R H H S C E N S N M W
T U R A M I S S L V R C E U P
L G N I Q P T N F A B R M L E
O R W M L W K Y R R N U I P V
R I N C U I G I S A P B R I E
D M S A M T A L N P H B E X N
S T L I S O R N A R N C P S S
R B R R D U Y M N I X P X T I
A A T H I A S I V A R A E C E
Z K G E K U J D G C Z E R I M
```

◊ ARAVIS

◊ ASLAN

◊ CAIR PARAVEL

◊ CALORMEN

◊ CASPIAN X

◊ CHARN

◊ EXPERIMENT HOUSE

◊ JADIS

◊ DIGORY KIRKE

◊ MAUGRIM

◊ MIRAZ

◊ LUCY PEVENSIE

◊ POLLY PLUMMER

◊ JILL POLE

◊ PRINCE RILIAN

◊ EUSTACE SCRUBB

◊ SHASTA

◊ SHIFT

◊ STONE TABLE

◊ SUSAN THE GENTLE

◊ THE LOST LORDS

◊ TIRIAN

◊ TRUMPKIN

◊ MR TUMNUS

Public Art

```
A V F N B F A I V I L A N N A
U B U A A E J O K E R S N G Z
Z C L M S A I E E P C Z M N J
F G I O Q L H E N E C P B D E
N N R W L A E E Q Y R N Y N N
E A T A R A E G A C A I N I O
A N M K C R R H N S E W P E D
X K L U C E G U U A L L M S P
S E K S H N S L T C N A A R G
D Q R S I T T M H A R J N O O
A M Y L U X F A X T N O F H S
E O A Y M S R I Y C R H Q A U
H E X G D I E R S G H A I E N
H A I E O X S J D H D N W S Q
E B B T D P D A N C E N H H L
```

◊ *ALEC THE GOOSE*

◊ *ANNA LIVIA*

◊ *ARKLE*

◊ *ASLAN*

◊ *BEDS*

◊ BIG *FISH*

◊ *CHARIOT* OF LIFE

◊ DUBLIN *SPIRE*

◊ *FAMINE*

◊ FOUR *ANGELS*

◊ *HEALING HANDS*

◊ HOMELESS *JESUS*

◊ *HUMAN* RIGHTS

◊ *JOHANN GOAT*

◊ *JOKER'S* CHAIR

◊ LET'S *DANCE*

◊ *MARTYRS*

◊ *MR SCREEN*

◊ *NATURAL HISTORIES*

◊ *SEAHORSE*

◊ TALKING *HEADS*

◊ THREE *GRACES*

◊ *WOMAN* WORKER

◊ JOHN *WAYNE*

Excerpt from *Easter, 1916*
by William Butler Yeats

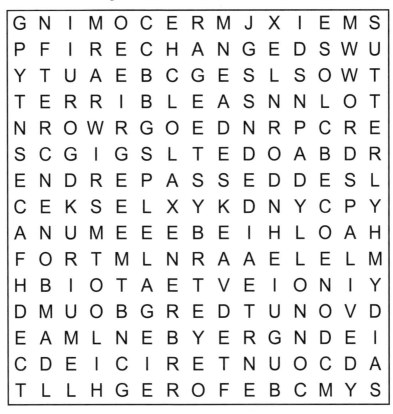

```
G N I M O C E R M J X I E M S
P F I R E C H A N G E D S W U
Y T U A E B C G E S L S O W T
T E R R I B L E A S N N L O T
N R O W R G O E D N R P C R E
S C G I G S L T E D O A B D R
E N D R E P A S S E D D E S L
C E K S E L X Y K D N Y C P Y
A N U M E E E B E I H L O A H
F O R T M L N R A A E L E L M
H B I O T A E T V E I O N I Y
D M U O B G R E D T U N O V D
E A M L N E B Y E R G N D E I
C D E I C I R E T N U O C D A
T L L H G E R O F E B C M Y S
```

I have met them at close of day

Coming with vivid faces

From counter or desk among grey

Eighteenth-century houses.

I have passed with a nod of the head

Or polite meaningless words,

Or have lingered awhile and said

Polite meaningless words,

And thought before I had done

Of a mocking tale or a gibe

To please a companion

Around the fire at the club,

Being certain that they and I

But lived where motley is worn:

All changed, changed utterly:

A terrible beauty is born…

MacDonagh and MacBride

And Connolly and Pearse

Now and in time to be,

Wherever green is worn,

All changed, changed utterly:

A terrible beauty is born.

```
S Z D N J L O U G H E R N E W
K C O N K Y A K I L K E E L D
N A T Y V E Y D E I D M Y E O
E I A C M E N C H X N B O D O
H R C R Y T U R L R A E B E W
E N O S F L E K U T R L E N K
R D Z Q N N J M O B T V D M C
P H S U R T R O P B S O N O A
Y U D D K T F Y I L A I A R L
R J M P Z H G O O B E R L E B
R Y L A S S A L G D R A C A Z
E F G U L I L A K A D I N S E
D S B E C O U K G A L G O R M
E E G A R D N A T X O J S Q P
E A N N E S L E Y R B C M C W
```

◊ ANNESLEY   ◊ DERRY PREHEN   ◊ MALONE

◊ ARDGLASS   ◊ DUNLUCE   ◊ MOYOLA

◊ BANGOR   ◊ EDENMORE   ◊ ORMEAU

◊ BELVOIR   ◊ GALGORM   ◊ PORTRUSH

◊ BLACKWOOD   ◊ KILKEEL   ◊ SCRABO

◊ BUSHFOOT   ◊ KNOCK   ◊ STRAND

◊ CAIRNDHU   ◊ LISBURN   ◊ TANDRAGEE

◊ CLANDEBOYE   ◊ LOUGH ERNE   ◊ TEMPLE

```
Y A V T N C Q C R E H T O M S
O N B R O O K L Y N W R B Q Z
B I C U S R H A P P Y J I C R
L H I E W D P Y M S H A D O W
L C V G I U X H B E Y D R R T
E A F R M R Z F A D R E V I R
H M N I M O G N H N N I A W E
V X V T E Y S E N W T A C K B
R E D C R A S H P A D O T A Y
J E H D S Q C C V Z G X M S N
X S G T E G H T X M N D N O J
R D U I O R X I T T J A R R G
C D E E T B D K I K I E G K I
S W A K E W O O D S E M Q O R
A N D B R E E Z E N E U E S L
```

◊ ABOUT <u>TIME</u>

◊ <u>AMERICAN</u> MADE

◊ BLACK <u>RIVER</u>

◊ BOY EATS <u>GIRL</u>

◊ <u>BROOKLYN</u>

◊ <u>CORDUROY</u>

◊ <u>CRASH PAD</u>

◊ <u>DREDD</u>

◊ <u>EX MACHINA</u>

◊ <u>HELLBOY</u>

◊ HOW TO BE <u>HAPPY</u>

◊ LIFE'S A <u>BREEZE</u>

◊ <u>LOGAN</u> LUCKY

◊ <u>MOTHER!</u>

◊ <u>NOREEN</u>

◊ <u>PHANTOM</u> THREAD

◊ SERIOUS <u>SWIMMERS</u>

◊ <u>SHADOW</u> DANCER

◊ <u>STANDBY</u>

◊ <u>STUDS</u>

◊ THE <u>KITCHEN</u>

◊ <u>TIGER</u> RAID

◊ <u>TRUE GRIT</u>

◊ <u>WAKE WOOD</u>

```
A S T A K N R E K R T E B P G
R T U O T S K H J B R O L M E
A R A R E E G H R A N A A H R
T I D R O T A U D N N C Z G A
N J E O D B C L A T M R W R L
A S C N N E I C A U D F M U D
R L L N O K H G R S M E A B I
E L A O M T E C E A U D C E N
T E R C S N H C C J R E C D E
A N E O E A H D O G E L A A S
C N I T D N O U B T B M B I B
G O N H A W A S R O Y I E S W
H D A I E O Q I A G R D S T H
S O L L S S A L G W O L L A G
R L L O S A M O H T Z T I F V
```

- ◊ CORMAC MAC <u>AIRT</u>
- ◊ <u>BONNACHTS</u>
- ◊ BRIAN <u>BORU</u>
- ◊ EDWARD <u>BRUCE</u>
- ◊ <u>CATERAN</u>
- ◊ ULICK <u>DE BURGH</u>
- ◊ RICHARD <u>DE CLARE</u>
- ◊ CLAN <u>DESMOND</u>

- ◊ <u>FEDELMID</u>
- ◊ JOHN <u>FITZTHOMAS</u>
- ◊ <u>GALLOWGLASS</u>
- ◊ <u>KERN</u>
- ◊ EARL OF <u>KILDARE</u>
- ◊ KINGS OF <u>TARA</u>
- ◊ <u>MACCABES</u>
- ◊ <u>MACDOWELL</u>

- ◊ DIARMAID
 MAC <u>MURCHADHA</u>
- ◊ FELIM <u>O'CONNOR</u>
- ◊ <u>O'DONNELLS</u>
- ◊ HENRY <u>PLANTAGENET</u>
- ◊ MÁEL <u>SECHNAILL</u> II
- ◊ SIGURD THE <u>STOUT</u>
- ◊ FLANN <u>SINNA</u>
- ◊ THE <u>GERALDINES</u>

Castles – Part Two

```
F J L W H G A N M I R D E F H
B L A R N E Y E A G T R I M E
J S D A A E H E N H G T Y Z M
H N N H V Q D D E O C L I K U
B E P K M N T N O D L U U M R
N E W O O O A R E N R C P O D
I T U M O V O A D E A K U Y
L R R B A K M N F S O G N Y O
V O L E N H N Y K D Y A A I M
A G L U G I D C L R M D H L M
G T R U F A C E R O M R A M S
N L O D E A Q O N W L Q R U U
O L R L H R V W V S R A P P A
M A S I M A Y N O O T H W F T
H B R U G J C W K Y T K P P S
```

◊ ARDFINNAN	◊ GORTEENS	◊ ORMONDE
◊ BLARNEY	◊ KILCOE	◊ POOK
◊ CAHIR	◊ LEAMANEH	◊ RAHAN
◊ CLONEA	◊ LOUGHMOE	◊ RAPPA
◊ DONEGAL	◊ MAYNOOTH	◊ SLEADY
◊ DRIMNAGH	◊ MINARD	◊ SMARMORE
◊ DUNAMON	◊ MONGAVLIN	◊ SWORDS
◊ DYSART	◊ MOYDRUM	◊ TRIM

Comedians

```
M C S A V E G A V A S C M I C
V T J U I W O R E V V B N R N
O K A N E M C G A Z F K E N V
J I W Y O R W R I G H T L C D
M E X M U R P H Y H C N L A N
G L E M T J T M R R T E A R E
C T M V W T U O E L L M Q S B
L Y D I A A L E N A E S S O Y
Q L E V L Y G N I L S I A N R
E W O B K L E K B O H A R T N
I G M R E O I A R M G R A C E
W I G C R R M G O H A N L O N
L I N E H A N I A I C R R D U
O N E I L L C X D N J K K L Z
P Z D S X N W O N M B N A A U
```

◇ BEA AISLING

◇ YASMIN AKRAM

◇ DAVE ALLEN

◇ CATHERINE BOHART

◇ ED BYRNE

◇ FRANK CARSON

◇ SAM CREE

◇ SEAN CRUMMY

◇ BRENDAN GRACE

◇ PATRICK KIELTY

◇ MICHAEL LEGGE

◇ JOHN LINEHAN

◇ DAVID MCSAVAGE

◇ SPIKE MILLIGAN

◇ COLIN MURPHY

◇ GRAHAM NORTON

◇ BRENDAN O'CARROLL

◇ ARDAL O'HANLON

◇ JACK O'KANE

◇ OWEN O'NEILL

◇ PAUL TAYLOR

◇ BILLY TEARE

◇ ROY WALKER

◇ JACKIE WRIGHT

Creatures of Ireland

```
H S S E L N R O H G H S I R I
A W K G E L J C O E L T S I M
W C A A Z O E B P H K S I S A
K O D T F V Y Z J C H W R L K
S N E D E R C B A R K I N G U
B N A T R R V J E H J D N O D
I E P E A T R W L E I O D L P
L M K S R E T X E D E W R U K
L A T K T S S M I M Y O F L L
P R J T A N U O P B W F E A Y
Z A A J G N A E R D I T M F V
E N E H T Q R R L N A B K E I
M J A J D O J O B E A L B L X
A R A M R G Z G R Y V U S O X
P C X W Y U F G B I G E Z V C
```

◊ ATLANTIC <u>PUFFIN</u>

◊ BANK <u>VOLE</u>

◊ <u>BARKING</u> DEER

◊ <u>BLUE</u> TERRIER

◊ <u>BRANT'S</u> BAT

◊ <u>CONNEMARA</u> PONY

◊ <u>DEXTER</u> CATTLE

◊ <u>EMPEROR</u> MOTH

◊ FALSE <u>WIDOW</u>

◊ <u>GREAT ELK</u>

◊ <u>HARP</u> SEAL

◊ <u>HAWKSBILL</u>

◊ <u>HAZEL</u> DORMOUSE

◊ <u>HORNLESS</u> MOILED

◊ <u>IRISH</u> SETTER

◊ <u>KERRY BOG</u> PONY

◊ <u>LAMBAY</u> WALLABY

◊ <u>MISTLE</u> THRUSH

◊ <u>NATTERJACK</u> TOAD

◊ <u>OLD WORLD</u> OTTER

◊ PYGMY <u>SHREW</u>

◊ REEVE'S <u>MUNTJAC</u>

◊ <u>ROSEATE</u> TERN

◊ <u>WATER</u> SPANIEL

Jockeys

```
M L K Q R T M Y T Y L N F E R
Y R L E Z A Y A F C D E A H S
O X Y Q L O A P B O Q D Y C P
Y W E O C F O O R X S D K O E
D Z N C F L X W E H E A I R N
O Y M E M K T E N N S M N O C
O N O L L A F R N W Q P A C E
W F O R T U N E A K R V N Y R
N A R Y R O K N N P O T E Y G
U Y L U L P L C A R B E R R Y
D H P S S L D R A W I A I E T
G P J I H S A K C A N W H D H
P R C D Z I E E B C S D L D A
B U N E P Y C L U D O W Z E N
T M A G U I R E L Q N V Z H Y
```

- ◊ PADDY BRENNAN
- ◊ PAUL CARBERRY
- ◊ RICHARD DUNWOODY
- ◊ MARK DWYER
- ◊ PAT EDDERY
- ◊ KIEREN FALLON
- ◊ JIMMY FORTUNE
- ◊ JACK KENNEDY

- ◊ MICK KINANE
- ◊ NIALL MADDEN
- ◊ ADRIAN MAGUIRE
- ◊ MARTIN MALONY
- ◊ TONY MCCOY
- ◊ TIMMY MURPHY
- ◊ ROBBIE POWER
- ◊ THOMAS QUEALLY

- ◊ WILLIE ROBINSON
- ◊ CHRISTY ROCHE
- ◊ DAVY RUSSELL
- ◊ JAMIE SPENCER
- ◊ CHARLIE SWAN
- ◊ TOM TAAFFE
- ◊ (RUPERT) RUBY WALSH
- ◊ LIAM WARD

P	Z	R	P	F	E	F	X	D	G	J	Q	S	I	V
A	N	A	T	S	L	V	L	M	P	F	W	E	R	R
G	U	G	X	V	A	I	O	O	B	M	E	L	W	F
H	H	L	N	C	C	N	Y	L	O	F	B	A	K	V
S	S	V	Y	G	E	M	O	L	A	D	S	O	S	K
U	T	G	L	L	Y	O	A	M	L	O	T	L	J	T
C	F	A	K	L	D	A	I	S	U	E	E	O	H	G
S	I	N	O	V	E	L	I	S	T	E	R	G	I	X
R	O	G	O	C	Y	C	E	Z	P	E	I	R	V	Z
Y	R	R	L	N	O	W	J	J	N	R	M	A	L
T	E	N	B	Y	H	I	M	O	T	H	E	R	S	F
R	L	V	A	E	B	L	A	Z	I	N	G	M	B	G
A	L	U	K	M	U	Y	O	R	E	S	T	E	I	A
M	O	H	N	H	E	K	U	A	T	N	O	M	P	B
N	J	A	M	E	S	S	S	X	D	Y	M	B	C	I

◊ *A GUEST AT THE FEAST*

◊ *ALL A NOVELIST NEEDS*

◊ *BAD BLOOD*

◊ *BROOKLYN*

◊ CUSH GAP

◊ FAMOUS BLUE RAINCOAT

◊ JIM FARRELL

◊ FATHER FLOOD

◊ TONY FIORELLO

◊ *HOUSE OF NAMES*

◊ HENRY JAMES

◊ MADGE KEHOE

◊ ELLIS LACEY

◊ *LOVE IN A DARK TIME*

◊ *MARTYRS AND METAPHORS*

◊ *MOTHERS AND SONS*

◊ ORESTEIA

◊ *RETURN TO MONTAUK*

◊ SLEEP

◊ *THE EMPTY FAMILY*

◊ *THE HEATHER BLAZING*

◊ *THE MASTER*

◊ *THE STORY OF THE NIGHT*

◊ *NORA WEBSTER*

```
E U N A G Í R R O M E H T J I
N Á C B A A F A P I E A Í H R
N F C I H L H N M U N T V I Á
D D N C V C V N I R U E L Y G
E A U D A P Y I K É V U I M M
M I N M M G Í B Ó J Y I A T E
R P M A U Á R É P E J B M S D
I É D T N F H B B S H G G A B
A H D T É N D R Y B E M O M E
N A V N C S I K S L D K S N S
Í L N K A G J R C O H A C R Y
S D N J I N I M I R C E B E T
I Ó A D R D A L L A H M U C Ó
O F O Í I R R D A N U B R E A
O T B M Í U B F Í S M A G D T
```

◊ ABCÁN   ◊ CUMHALL   ◊ LIR

◊ AIRMED   ◊ DANAND   ◊ MACHA

◊ ANANN   ◊ DANU   ◊ MEDB

◊ BADB   ◊ ECNE   ◊ MIDIR

◊ BÉBINN   ◊ ELCMAR   ◊ NEIT

◊ BOANN   ◊ ERNMAS   ◊ OGMA

◊ BREA   ◊ FÓDLA   ◊ OISÍN

◊ BRIGID   ◊ IUCHAR   ◊ THE MORRÍGAN

Breweries

```
R L A C A D A N A C S E M E Z
A I P B O U N D A R Y O L Q B
S K V N H E R C U L E S J K M
C B D A E H L E R R A B P L Q
A V R Y E R I V E R R M H J J
L S E E U P W C H A V L P S N
S N H L H F R K G S V M N S A
N W T D R O F E Y A W L A G M
E P O H T D N A S T I E Q B T
D K R T U N S S E N N I U G E
L H B R I D E W E L L R J R E
I Q O K R S L J R C R D Z Y W
H F J N O L S T M E L S O M S
L M T N I J J Q N J E B H O M
G A S G T B F O S D E L L A W
```

◊ BARRELHEAD
◊ BOUNDARY
◊ BREHON
◊ BRIDEWELL
◊ BURREN
◊ FIVE LAMPS
◊ GALWAY BAY
◊ GUINNESS

◊ HERCULES
◊ HILDEN
◊ HOPE
◊ KINNEGAR
◊ LACADA
◊ LOUGH GILL
◊ MESCAN
◊ O BROTHER

◊ RASCALS
◊ RISING SONS
◊ RYE RIVER
◊ ST MEL'S
◊ SWEETMAN
◊ TORC
◊ WALLED CITY
◊ WOOD KEY

Characters In Joyce's *Ulysses*

```
B K L A M B E R T L U L H G B
X E E M N O C B I L V I D R G
C O S T E L L O H O N H E X V
S N O Y L O C R I C K E T T S
N A L Y O B L M W S N U A W V
A M B M T N C T Z I H D L S T
R D L J G C C B C R J E B N M
O R A W V O G A M D F A O E N
D A P G H F L L J A H S T D A
G O A E T L N D L A N Y Y D H
P B N A A G C Z I I C G M A E
W O Q N R J G N G N U Y I M N
W E W P F J E G O U G X E D E
T X J E V S I G H C N Y L T L
S F G O R H R C O M P T O N Y
```

◊ LEOPOLD BLOOM

◊ EDY BOARDMAN

◊ BLAZES BOYLAN

◊ JOSIE BREEN

◊ NURSE CALLAN

◊ BELLA COHEN

◊ PRIVATE COMPTON

◊ FATHER CONMEE

◊ PUNCH COSTELLO

◊ GARRETT DEASY

◊ PADDY DIGNAM

◊ BOB DORAN

◊ MARY DRISCOLL

◊ MAY GOLDING

◊ HAINES

◊ ZOE HIGGINS

◊ NED LAMBERT

◊ LENEHAN

◊ VINCENT LYNCH

◊ BANTAM LYONS

◊ MADDEN

◊ JACK POWER

◊ KITTY RICKETTS

◊ FLORRY TALBOT

P	J	Y	A	R	I	H	G	I	A	S	O	P	L	P
B	E	C	T	I	V	E	L	F	R	Y	L	T	O	A
B	P	Q	U	I	N	Q	O	R	D	R	T	L	Z	S
M	O	C	K	A	U	R	R	A	B	A	V	F	E	G
O	Q	N	M	L	E	R	E	R	O	M	E	L	Y	K
V	K	L	A	U	I	L	U	J	E	T	A	M	V	J
I	H	I	C	M	R	S	R	E	A	S	K	G	J	T
L	Q	Z	L	O	A	D	G	K	D	O	Q	T	V	N
L	A	P	B	C	R	R	N	O	E	N	N	I	S	I
A	R	E	B	M	O	C	G	E	O	H	Q	N	T	O
E	L	Y	O	B	J	O	O	Y	N	L	K	T	U	P
O	P	H	M	H	C	Z	L	M	L	D	E	E	L	R
D	U	N	B	R	O	D	Y	E	R	K	V	R	L	E
H	S	I	N	E	V	E	D	G	Y	O	Q	N	O	J
M	A	C	M	U	C	K	R	O	S	S	E	M	W	G

◊ ARDBOE	◊ ENNIS	◊ MUCKROSS
◊ BECTIVE	◊ FORE	◊ NENDRUM
◊ BONAMARGY	◊ JERPOINT	◊ QUIN
◊ BOYLE	◊ KELLS	◊ REASK
◊ COMBER	◊ KILCOOLEY	◊ SAIGHIR
◊ CORCOMROE	◊ KYLEMORE	◊ ST MARY'S
◊ DEVENISH	◊ LISGOOLE	◊ TINTERN
◊ DUNBRODY	◊ MOVILLA	◊ TULLOW

Golfers

```
O N O L A N L M S H Y A M N E
H O C W A I C O L E R R C A E
I H B D C N Y Q W R B A G R K
D A H C U E D L A R A H I O R
A M U L N N Z C B N Y O N M A
R S T R A P M C D O W E L L L
C Y A L V D C O C T R H E U C
Y E L S K E M C I L R O Y I L
K O M O N Q H O O A U E E L Y
P S H A L I Z R K W D O T L P
A A E T R E G B U R N S A S F
L B K N Y T A G Q X B D R X X
O H K J O M I R I G F O U V B
N Q O M I J S N Y H E L Y O B
K I N S E L L A F N E N P Y Y
```

◊ HUGH BOYLE

◊ RAYMOND BURNS

◊ JOE CARR

◊ DARREN CLARKE

◊ FRED DALY

◊ EAMONN DARCY

◊ LIAM HIGGINS

◊ DAVID JONES

◊ NIALL KEARNEY

◊ JAMES KINSELLA

◊ SHANE LOWRY

◊ PADDY MAHON

◊ JIMMY MARTIN

◊ GRAEME MCDOWELL

◊ PAUL MCGINLEY

◊ RORY MCILROY

◊ MARK MCNULTY

◊ MICHAEL MORAN

◊ WILLIE NOLAN

◊ PETER O'HARA

◊ JOHN O'LEARY

◊ EDDIE POLLAND

◊ DES SMYTH

◊ PHILIP WALTON

Ballykissangel Characters

```
K Z A C E A A T B Y A F I Q F
N D D H S L D M G N P V W H Z
N A R O R H D O W L I N G D O
I A G O C U E Z W J K A P G K
K H Y I F H P A V N N V A C E
H P J R H F E V H O N I M Y L
E E M T H E I R O A P L Y E L
N J D I K L M L T M N L E L Y
D O V R E L I N C Y N U N G L
L W U N U T O O N N H S R I L
E B R A A L G A L Y P A A U A
Y Y M D L H G R A I N N E Q N
B E S I L R K I E R A N K O A
F W D A A M B R O S E Q W I C
Z I N D L A R E G Z T I F T M
```

◊ AVRIL BURKE

◊ DANNY BYRNE

◊ PETER CLIFFORD

◊ LIAM COGHLAN

◊ LOUIS DARGAN

◊ SEAN DILLON

◊ DONAL DOCHERTY

◊ GRAINNE DOOLEY

◊ OONAGH DOOLEY

◊ EDSO DOWLING

◊ AMBROSE EGAN

◊ KIERAN EGAN

◊ ASSUMPTA FITZGERALD

◊ KATHLEEN HENDLEY

◊ BRENDAN KEARNEY

◊ FRANK MCANALLY

◊ SIOBHAN MEHIGAN

◊ AIDAN O'CONNELL

◊ ORLA O'CONNELL

◊ PADRAIG O'KELLY

◊ NIAMH QUIGLEY

◊ MICHAEL RYAN

◊ VINCENT SHEAHAN

◊ FRANKIE SULLIVAN

Battles for Land and Power 1500–1700

```
S N B W H F Y O B N U D C H S
H A E N Y O B E H T C Z Z V A
R H M A R D N A R E E M L B L
U G M J W N P R O J P O I E C
L O O E A U R A A H S Y F L O
E R O Z R Q N U H E K R F L C
A C R Y N U G A N Z T Y O E K
D E C F R H L I R V Y R R E D
E T A W R T M A S K U C D K Z
H H M I R H N P M E L Y O J E
G D M S T V A A T N Q O F A N
O E L A S N I K B P E A W A A
R L R K C I W R E M S L V S F
D K K I L K E N N Y L A G M F
O T L S M N J O S Y C F Q Y A
```

◊ AFFANE

◊ ARDNAREE

◊ ARKLOW

◊ AUGHRIM

◊ AURA

◊ BANTRY BAY

◊ BELLEEK

◊ CAVAN

◊ DERRY

◊ DROGHEDA

◊ DUNBOY

◊ GLENMALURE

◊ KILKENNY

◊ KINSALE

◊ LIFFORD

◊ MACROOM

◊ MOYRY PASS

◊ RATHMINES

◊ SALCOCK WOOD

◊ SHRULE

◊ SMERWICK

◊ SPANCIL HILL

◊ TECROGHAN

◊ THE BOYNE

Common Flowers

```
N Y R W N K S E D P Y Y S M V
A R S H T W G R R D T L B S K
V A A S T E R U E S I Y C H S
E M O S Y R B S E V O F L A X
L E M N R R P N E T A O V M L
W S K D E E O D N E D E L R S
O O A T E H S A G M E E L O Z
R R T H C S I R E E E L I C C
T U S L O T U H N S W T U K L
B T A L N P C A V O Y T Q Y O
O R G E S A L V V Z A A S U V
Y U G D R S M P R I M R O S E
B E E O R C H I D E E U Y O R
L W H U R G O D C U D W E E D
Z L P E N N Y C R E S S P M G
```

◊ BEE ORCHID

◊ BOG ROSEMARY

◊ BUGLOSS

◊ BUTTERBUR

◊ CLEAVERS

◊ CUDWEED

◊ DEVIL'S BIT

◊ FLAX FLOWER

◊ HONESTY

◊ MAYWEED

◊ NAVELWORT

◊ ORACHE

◊ PENNYCRESS

◊ PRIMROSE

◊ PURSLANE

◊ RED CLOVER

◊ SEA ASTER

◊ SHAMROCK

◊ SHEEP'S BIT

◊ SPRING GENTIAN

◊ SPRING SQUILL

◊ SPURGE

◊ WILD CLARY

◊ YELLOW RATTLE

Oscar Wilde Characters

```
S U N I L L E G I T Y C D D R
B N E L A D M Y L P P V Y A J
R E L B U S A H C V M L W R O
A F F E I R C N O M U O I L X
C W M R R B Z U B Q D R N I Q
K W P O N T E F R A C T D N C
N R E P D A E R Q H K O E G L
E A L M E N A X W M T N R T Z
L H S Z N I A N E I V G M O D
L U I Y N F L R A B C H E N R
A Q L U R A R A T K Y K R D O
N R R I P I A N S X O Y E P F
E A A D M D G M I O Z J P R F
U F C A R D E W A G R E U Z U
H Y N N R U Y B U N B U R Y R
```

- ◊ DUCHESS OF BERWICK
- ◊ LADY BRACKNELL
- ◊ BUNBURY
- ◊ CECILY CARDEW
- ◊ LADY AGATHA CARLISLE
- ◊ CANON CHASUBLE
- ◊ LORD DARLINGTON
- ◊ MR DUMPY

- ◊ MRS ERLYNNE
- ◊ GWENDOLEN FAIRFAX
- ◊ FARQUHAR
- ◊ JOKANAAN
- ◊ LANE
- ◊ AUGUSTUS LORTON
- ◊ MERRIMAN
- ◊ ALGERNON MONCRIEFF

- ◊ NAAMAN
- ◊ LADY PLYMDALE
- ◊ SIR JOHN PONTEFRACT
- ◊ MISS PRISM
- ◊ ROSALIE
- ◊ LORD ALFRED RUFFORD
- ◊ TIGELLINUS
- ◊ LADY WINDERMERE

American Entertainers with Irish Roots – Part One

O	D	N	A	R	B	S	T	I	L	L	E	R	N	I
O	Y	B	S	A	L	Y	L	L	E	K	O	P	O	E
W	C	L	O	O	N	E	Y	W	E	N	A	M	S	N
C	Y	B	S	O	R	C	J	N	N	I	S	T	L	O
N	T	E	Z	O	C	O	D	O	N	W	U	E	O	S
B	I	E	L	V	I	R	C	E	A	D	T	H	H	I
U	F	A	C	S	I	O	S	N	I	L	L	O	C	R
E	T	T	B	C	E	M	N	S	P	A	U	P	I	R
F	S	M	K	O	H	R	N	Z	N	B	E	P	N	O
T	F	I	W	S	C	E	P	K	I	E	L	O	B	M
Z	Y	S	U	U	Y	F	M	N	R	O	L	V	A	Z
F	O	F	E	R	G	I	E	T	V	L	C	S	C	P
V	C	U	S	A	C	K	S	A	I	K	Y	G	O	L
A	T	L	O	V	A	R	T	D	E	S	A	E	Y	N
E	B	K	E	Q	P	O	T	P	U	Y	E	R	A	C

◊ WILLIAM BALDWIN

◊ MARLON BRANDO

◊ MARIAH CAREY

◊ GEORGE CLOONEY

◊ KURT COBAIN

◊ MICHAEL COLLINS

◊ BING CROSBY

◊ TOM CRUISE

◊ JOHN CUSACK

◊ MATT DILLON

◊ WALT DISNEY

◊ FERGIE

◊ GENE KELLY

◊ ANNA KENDRICK

◊ DEMI LOVATO

◊ JIM MORRISON

◊ WILLIE NELSON

◊ JACK NICHOLSON

◊ DONALD O'CONNOR

◊ ELVIS PRESLEY

◊ BEN STILLER

◊ MERYL STREEP

◊ TAYLOR SWIFT

◊ JOHN TRAVOLTA

Gaelic Sports Grounds

```
M E S R A E P D R C U L L E N
B L P Q U J A A T H L E T I C
R A G Z F L K S Y M A B I R Q
E H G W J K S H S E M P L E A
T C K C A S U C J V C O P H U
S A T E W F T A A O U M A A S
W M D U G G A N R Q Y O R R T
E L X I G M Q R E G F O N F I
R Y H Z E O I E M M A R E Z N
B L S S Q G N I C N E E L L S
F A L J A A F T K F O S L D T
S E A N L R F T E U P W A I A
R H W N S N E S N L U P L C C
M C G O V E R N N Q E G A K
G Q S Z A Y B U A U K U A L N
```

◊ ATHLETIC	◊ DUGGAN	◊ NOWLAN
◊ AUSTIN STACK	◊ ESLER	◊ O'GARNEY
◊ BREFFNI	◊ FRAHER	◊ O'MOORE
◊ BREWSTER	◊ GAELIC	◊ PARNELL
◊ CASEMENT	◊ HEALY	◊ PEARSE
◊ CORRIGAN	◊ MACHALE	◊ SEMPLE
◊ CUSACK	◊ MCGOVERN	◊ ST TIERNACH'S
◊ DR CULLEN	◊ MCKENNA	◊ WALSH

```
I  C  E  S  U  O  H  L  L  U  F  T  Q  J  L
H  R  A  F  R  I  E  N  D  S  J  U  A  N  S
I  O  I  A  N  R  G  N  I  N  E  V  E  K  U
F  S  M  Y  T  Y  E  E  I  N  Z  L  P  S  L
A  S  F  E  O  K  I  V  T  R  A  E  H  N  L
N  U  T  K  C  K  D  I  L  R  Q  V  J  O  I
G  W  S  E  N  O  N  A  T  I  J  J  I  S  I  V
A  W  I  A  L  S  M  N  O  F  S  C  P  S  A
P  P  R  N  E  R  E  I  I  R  I  T  E  I  N
A  F  T  H  T  C  A  R  N  C  A  O  C  C  E
R  T  C  T  B  E  E  C  H  G  H  R  I  E  M
T  A  C  S  K  F  R  J  S  C  V  I  A  D  G
Y  S  S  A  L  G  O  D  E  Z  G  A  L  T  U
P  L  J  Y  A  R  E  S  A  E  U  T  K  F  H
B  M  C  D  P  T  U  N  T  S  E  H  C  E  T
```

◊ *ACHES AND PAINS*

◊ *A WEEK IN WINTER*

◊ *CENTRAL LINE*

◊ *CHESTNUT STREET*

◊ *CIRCLE OF FRIENDS*

◊ *CROSS LINES*

◊ *DECISIONS AT SEA*

◊ *ECHOES*

◊ *EVENING CLASS*

◊ *FIREFLY SUMMER*

◊ *FULL HOUSE*

◊ *HEART AND SOUL*

◊ *MINDING FRANKIE*

◊ *QUENTINS*

◊ *SCARLET FEATHER*

◊ *SILVER WEDDING*

◊ *STAR SULLIVAN*

◊ *TARA ROAD*

◊ *THE COPPER BEECH*

◊ *THE GARDEN PARTY*

◊ *THE GLASS LAKE*

◊ *THE HOMECOMING*

◊ *THE SPECIAL SALE*

◊ *VICTORIA LINE*

A	B	C	B	Y	Q	R	D	T	C	R	D	E	T	K
E	P	S	B	A	T	L	Q	I	Q	A	N	A	A	F
H	A	E	Y	G	E	G	H	R	T	A	Y	T	H	P
S	L	M	B	W	D	L	G	N	H	D	K	R	J	O
O	L	E	Q	Y	L	D	M	O	N	M	T	O	G	L
T	I	O	J	T	E	O	E	Z	L	A	Q	F	G	L
R	S	N	B	S	R	K	I	S	Y	G	G	U	D	O
E	E	I	Q	T	R	V	C	Q	M	U	H	A	N	C
I	R	S	I	A	H	N	L	U	E	I	E	E	A	K
Z	P	M	P	C	A	R	A	D	T	R	N	B	L	L
O	E	T	N	L	G	C	R	E	E	E	Y	G	T	E
R	O	Y	W	K	R	O	C	U	R	L	A	B	N	F
C	L	O	N	G	F	I	E	L	D	C	M	U	E	R
W	R	D	B	N	O	T	H	G	U	O	H	N	P	O
K	J	J	H	S	O	M	E	R	S	M	T	M	S	Y

◇ FRANCIS BEAUFORT

◇ TOM CREAN

◇ FRANCIS CROZIER

◇ JEREMY CURL

◇ ROBERT FORDE

◇ THOMAS GANN

◇ DANIEL HOUGHTON

◇ PATRICK KEOHANE

◇ O'GRADY LEFROY

◇ CYNTHIA LONGFIELD

◇ HENRY BLOSSE LYNCH

◇ ROCHFORT MAGUIRE

◇ RICHARD MAYNE

◇ MCCARTHY MORTIMER

◇ MIKE O'SHEA

◇ JOHN PALLISER

◇ THOMAS PARKE

◇ JOSEPH BARCLAY PENTLAND

◇ MARK POLLOCK

◇ SYMON SEMEONIS

◇ DERMOT SOMERS

◇ JAMES HINGSTON TUCKEY

◇ JOHN WORK

◇ ISAAC WELD

High Peaks

```
M M U A G E R T R U A B X B C
E A T A N G U N N A M O R E I
E C O M E C U O J D U Y R E R
G X O L E E X T M W C B E N O
A M J O A E O B L W K S T O H
L K U E M N N E P H I N S S M
E M I L L A B T R R S N N K H
N U K P L A C U E D H B I E C
O O Z B P A V A I O Z E E E A
T C D G X U C A R C G N L R U
S S I N G K R O R R L B T R R
A U E N A N E E R G E U N I C
W A R A E R L E E W M A U G Y
E F M O A N B A N E E N O A C
L Y F A L L A V A N O C M L V
```

◊ AN GUNNA MOR
◊ BAURTREGAUM
◊ BEENOSKEE
◊ BENBUAN
◊ BRANDON
◊ CONAVALLA
◊ COOMACARREA
◊ CRUACH MHOR

◊ DJOUCE
◊ ERRIGAL
◊ FAUSCOUM
◊ GRAVALE
◊ GREENANE
◊ KIPPURE
◊ MAOLAN BUI
◊ MEENTEOG

◊ MOANBANE
◊ MOUNT LEINSTER
◊ MUCKISH
◊ MULLACOR
◊ MWEELREA
◊ NEPHIN
◊ SAWEL
◊ TONELAGEE

Pop and Rock Stars

```
Y L V L M R S N E D D A F C M
F K E A T I N G A S P W A S U
F Y A O R K D N A L I F H Z Q
U B Y R N E A E A S A E E R L
D Y O O L Y Z G A Z A M Y R M
Y C L N N E P B B Z A F D A A
F A H E A U I M K H B B C G G
N O G O D H V T A C Z G M E L
A Z H W R P O R H V O O L U M
Z C U W O A G L D W O D E T M
N A G E I D N A A R O B S O V
O S F N R U O N E F K V I M Z
F N S G O E F L I S I L A U Y
R A O A D H Q F A I V T L I M
Z E B B R E S L I N S C B P G
```

◊ CHLOË AGNEW

◊ TARA BLAISE

◊ BONO

◊ NIALL BRESLIN

◊ NICKY BYRNE

◊ ANDREA CORR

◊ JOE DOLAN

◊ KEITH DUFFY

◊ KIAN EGAN

◊ ENYA

◊ SIOBHAN FAHEY

◊ SHANE FILAN

◊ BOB GELDOF

◊ MIKEY GRAHAM

◊ NIALL HORAN

◊ RONAN KEATING

◊ DAMIEN LEITH

◊ SINÉAD LOHAN

◊ SHANE MACGOWAN

◊ BRIAN MCFADDEN

◊ CHRISTY MOORE

◊ SAMANTHA MUMBA

◊ LINDA NOLAN

◊ DOLORES O'RIORDAN

Kenneth Branagh Movies

```
D A E D W M M H T H R W Z T I
J I I S H O R T S L N B A E Y
E I R Y K L A V U Z O J S N R
V H E N R Y V I K E T Q Y E H
T H P L K P O L L E H T O T N
S B M F G T E D M O I O U S O
E E S M E N O R U F N B L D I
W L N L A R A N I I G E I I T
C F M U A R N I T W U H K K I
P A U D T O Y H R T I M E G S
H S O E S H C L H T N G I N O
Z T M A J T V X Y I S P T I P
L I E Z K C B J L N M J E W O
S S S M S D N E I R F N D S R
D U N K I R K N R O U M J K P
```

◊ ALIEN LOVE TRIANGLE

◊ ARTEMIS FOWL

◊ AS YOU LIKE IT

◊ BELFAST

◊ DEAD AGAIN

◊ DEATH ON THE NILE

◊ DUNKIRK

◊ HAMLET

◊ HENRY V

◊ HIGH SEASON

◊ MUCH ADO ABOUT NOTHING

◊ MY WEEK WITH MARYLYN

◊ OTHELLO

◊ PERIWIG MAKER

◊ PETER'S FRIENDS

◊ SLEUTH

◊ STARS IN SHORTS

◊ SWING KIDS

◊ TENET

◊ THE PROPOSITION

◊ THE ROAD TO EL DORADO

◊ THOR

◊ VALKYRIE

◊ WILD WILD WEST

Association Football Grounds

```
N W O T H S I R I R B T M N J
C R U S G P L U R U H A I F C
J N F N S L V E C E R F W K H
V A S A I Q L K T K V T U S P
E M E M Q H L A E D M N N R U
U K A L L E K T V A G E I O T
T C V O Y Y S C G O R N T S R
A A I C A R L I S L E J E D T
L J E T U R N E R S L H D N O
L E W S O N O I T A T S T I L
A R I C H M O N D C I J S W K
G B Y R D D D T E D I X O N A
H Y R A O R L E D U T I L O S
T Y K A I R O T C I V H A E L
N N I F J V P M P A V M Y V D
```

- ◊ BUCKLEY PARK
- ◊ CARLISLE GROUNDS
- ◊ DIXON PARK
- ◊ DROM SOCCER PARK
- ◊ FINN PARK
- ◊ INVER PARK
- ◊ IRISHTOWN STADIUM
- ◊ JACKMAN PARK

- ◊ LEAH VICTORIA PARK
- ◊ MAGINN PARK
- ◊ MARKETS FIELD
- ◊ MILL MEADOW
- ◊ ORIEL PARK
- ◊ RICHMOND PARK
- ◊ SEAVIEW
- ◊ SOLITUDE

- ◊ ST COLMAN'S PARK
- ◊ STATION ROAD
- ◊ TALLAGHT STADIUM
- ◊ THE OVAL
- ◊ TOLKA PARK
- ◊ TURNER'S CROSS
- ◊ UNITED PARK
- ◊ WINDSOR PARK

```
Y E L L A W W F E N T J N S Y
L N R D R H L E P U O D C L D
A R A E K E G L L O R R A C O
L E L H K T L A F S R P T D O
H Y L Y G C D Y N G Z E J O D
D N I E N O I B T A J F G H N
D O E Y V P E R R N V D U A N
Y R N G Q T G K F A A A H N N
R L I A K P E I N V D V K L N
O A L S B Q T L A S J Y O A Q
L F L A C F P T A R D O H C F
C F M Y N O A L G A R E N S F
C A H O N A L B G Y E L E E K
M N H D P C C L G H H J W M S
K C A S U C H M S O W W V P Y
```

◊ NIAMH ALGAR

◊ ORLA BRADY

◊ MAUREEN CUSACK

◊ ALISON DOODY

◊ HAZEL DOUPE

◊ PATRICIA DRISCOLL

◊ BRENDA FRICKER

◊ JORDANNE JONES

◊ JOHN KAVANAGH

◊ SAM KEELEY

◊ BARRY KEOGHAN

◊ PAT LAFFAN

◊ JOE LYNCH

◊ RAY MCANALLY

◊ SEAN MCCLORY

◊ PAUL MESCAL

◊ SAM NEILL

◊ JIM NORTON

◊ BRENDAN O'CARROLL

◊ EMMA ELIZA REGAN

◊ JACK REYNOR

◊ ROBERT SHEEHAN

◊ JOS VANTYLER

◊ CHRIS WALLEY

Bridges and Viaducts

```
S W O L L E M H Q U L S V H Z
M C A T T P G U C O R M E A U
K M A T S Q P Y M A Z B W P S
C H U Q Y H M P A E L V E L
O B Z L E E E O O T T L U N N
R O M O R E V R L T I H B N O
S E G J A L J E W S R A E Y V
N N C P S W U L I I E E N W A
A I R E S J C C J L N F B S G
P L U A O K O F A Q L G W L I
L P M C R S O G M N B A D M A
Z O L E W Y A M N D H O B Z R
E O I Q L N W V P S D N O B C
O L N E R C L A S S O N S C R
D T T E K C E B H M C N D R I
```

◊ ALBERT	◊ EGYPTIAN ARCH	◊ LUCAN
◊ BALLIEVEY	◊ FATHER MATHEW	◊ O'DONOVAN ROSSA
◊ BLEACH GREEN	◊ FOYLE	◊ ORMEAU
◊ BOND'S	◊ FRANK SHERWIN	◊ PAN'S ROCK
◊ BUTT	◊ HA'PENNY	◊ PEACE
◊ CLASSON'S	◊ LAGAN WEIR	◊ RORY O'MORE
◊ CRAIGAVON	◊ LIAM MELLOWS	◊ SAMUEL BECKETT
◊ CRUMLIN	◊ LOOPLINE	◊ SHAW'S

Van Morrison Songs

```
Z P J N F G T H G I N D L I W
C A R A V A N B E L P M I S H
Z N U R Z B H T K U R V Z S N
W O R K I N G B W I L S O N E
Z G O J C C A T B S B B V Z D
L S H Q P C R A Z Y D A N T R
Q D O K K C O J N E P C W N A
D A E M D B O H N J J V O E G
E D I S E B S O N I M O D I C
K L Q P J O T D A H A M K C Y
L F A O E S N S N T D L C N P
A L N T S Y Y E S I A I O A R
W L S H E A I D S M M K L Q U
D G S K D L G L I Q E E J S S
T E E W S U Y L R I G H R Z J
```

◊ *ANCIENT HIGHWAY*

◊ *AND IT STONED ME*

◊ *AS I WALKED OUT*

◊ *BACK ON TOP*

◊ *BESIDE YOU*

◊ *BLUE MONEY*

◊ *BROWN EYED GIRL*

◊ *CARAVAN*

◊ *CRAZY LOVE*

◊ *CYPRUS AVENUE*

◊ *DAYS LIKE THIS*

◊ *DOMINO*

◊ *HAVE I TOLD YOU LATELY*

◊ *IN THE GARDEN*

◊ *I'VE BEEN WORKING*

◊ *JACKIE WILSON SAID*

◊ *KEEP IT SIMPLE*

◊ *MADAME GEORGE*

◊ *NO MORE LOCKDOWN*

◊ *REMINDS ME OF YOU*

◊ *SOMEONE LIKE YOU*

◊ *SWEET THING*

◊ *THESE ARE THE DAYS*

◊ *WILD NIGHT*

Pirates

```
O T L M B X E E E M Y C U H L
U W J K U E N C Y E N N O B C
M L X Y K D G C L L I P I D I
Y D C R D Y L R T N A I L A V
E L U K O E A A J O R D A N B
L B R C M F N C Q E T W I M Y
L E C A N S D N V U E H J V B
A K Z S E O O O E N E Y R L I
M L F U R P L U O K D D J E E
O W T C C G Z A J T V A A H E
V W H V I I S P N A L H C G H
Z Y C N A F R F R D M O P W H
Z M O R N I N G U V R E V O R
F R G L Z N O I T U L O S E R
U I A E P P R R Q E K X I W H
```

◊ *ADVENTURE PRIZE*	◊ WALTER <u>KENNEDY</u>	◊ *ROYAL <u>ROVER</u>*
◊ ANNE <u>BONNEY</u>	◊ *<u>MORNING</u> STAR*	◊ *THE <u>FANCY</u>*
◊ WILLIAM <u>BURKE</u>	◊ RICHARD <u>NOLAND</u>	◊ *THE <u>PEARL</u>*
◊ GEORGE <u>CUSACK</u>	◊ GRACE <u>O'MALLEY</u>	◊ *THE <u>THREE</u> SISTERS*
◊ EDWARD <u>ENGLAND</u>	◊ *<u>QUEDAGH</u> MERCHANT*	◊ TURN <u>JOE</u>
◊ MARTHA <u>FARLEY</u>	◊ *<u>RESOLUTION</u>*	◊ *<u>VALIANT</u> PRINCE*
◊ ROBERT <u>GLOVER</u>	◊ PHILIP <u>ROCHE</u>	◊ JOHN <u>VIDAL</u>
◊ EDWARD <u>JORDAN</u>	◊ *ROYAL <u>JAMES</u>*	◊ *<u>WHYDAH</u>*

The Loughs

```
A Y V I R W E R U O S F F G T
T N O W O U N C U R R A N E Y
E Y W R M E L V I N Z F F C N
S S R O A L L E N P U U Y B R
X A K P G K L L E N N E R R L
E I M E Y I W K E S F A F E Z
G R E D T L Z D H N C E Z T S
A R R A C G L I U K A N U H E
J V I V G L N A L R I E I G D
R G U I T A N E V L N H L U S
W B E V G S Y R L E G E P O H
Z O E H C S O U J A L G S H D
I S D T H M C S E E A H I H T
X O R P A Y E N A R G F A C R
Z B I R R O C M A R R A V E D
```

◊ ALLEN	◊ DURNESH	◊ KILGLASS
◊ ARROW	◊ ENNELL	◊ LEANE
◊ BRACKLEY	◊ ESKE	◊ LEVALLY
◊ CARRA	◊ FUNSHINAGH	◊ MARRAVE
◊ CORRIB	◊ GARA	◊ MELVIN
◊ CULLIN	◊ GOWNA	◊ NEAGH
◊ CURRANE	◊ GRANEY	◊ OUGHTER
◊ DERG	◊ GUITANE	◊ RAMOR

Olympic Heroes

```
T H T R U O C C M H T I M S W
A S A L L E S S U R Z T Y N Y
Y L C Q O F N B F Q Q H O L Q
L A A Y T R A G A E T T L U L
O W R P M C G A R R G A N D Q
R X R R H Z E U A N N I A E W
T L U F G E C C I C T E E L H
I A T G O E C R M R L O S A L
M T H A E M R U A E Q I N N L
M M R A K A G M Z S T A X Y A
M U R P H Y E W U K R I Q I D
N Z H E F F E R N A N E E L S
O D O N O V A N B H S L T D I
E N R Y B X D E B M A L S E T
Z W I L K I N S U U W F R T P
```

◊ PADDY BARNES

◊ ANTHONY BYRNE

◊ MICHAEL CARRUTH

◊ RONNIE DELANY

◊ KENNY EGAN

◊ EMILY GARTY

◊ KELLIE HARRINGTON

◊ ROBERT HEFFERNAN

◊ AIFRIC KEOGH

◊ EIMEAR LAMBE

◊ STEPHEN MARTIN

◊ FINTAN MCCARTHY

◊ JIM MCCOURT

◊ JOHN MCNALLY

◊ ANNALISE MURPHY

◊ GARY O'DONOVAN

◊ MARY PETERS

◊ HUGH RUSSELL

◊ MICHELLE SMITH

◊ KATIE TAYLOR

◊ FRED TIEDT

◊ BOB TISDALL

◊ AIDAN WALSH

◊ DAVID WILKINS

Pierce Brosnan Films

```
N L S K C A T T A J A B U Z V
T W U B J O S C A I N K B M C
L O R F S O E O M M B E L Z H
X Y V B H D H A H C Z Y A R R
A E I G Z L M N I C G L C R I
K R V M U M D N S U N R K E S
N G O R A E D G A O E U Y H T
U Y R M I E A I T B N E P T M
V K L R R I C I M L N Q Z O A
F C R E C E A E M E X Z D N S
K A L T V C M D D Y R P E A K
M L L O C E G L L A N I F S U
A Y L S R N O E S C A P E R O
N C B T E G S D A M O N G M U
G N I N N I P S U N S E T X N
```

◊ *A CHRISTMAS STAR*

◊ *AFTER THE SUNSET*

◊ *BLACK ADAM*

◊ *CINDERELLA*

◊ *DANTE'S PEAK*

◊ *DIE ANOTHER DAY*

◊ *EVELYN*

◊ *FALSE POSITIVE*

◊ *FINAL SCORE*

◊ *GOLDENEYE*

◊ *GREY OWL*

◊ *LOVE IS ALL YOU NEED*

◊ *MAMMA MIA!*

◊ *MARRIED LIFE*

◊ *MARS ATTACKS!*

◊ *MISTER JOHNSON*

◊ *NO ESCAPE*

◊ *NOMADS*

◊ *REMEMBER ME*

◊ *SPINNING MAN*

◊ *SURVIVOR*

◊ *THE GHOST WRITER*

◊ *THE LOVE PUNCH*

◊ *URGE*

Coastal Islands

```
E O T N P Y P O I G A B S E Q
Q E G R A B B I T E O G R I Y
Z N T B A J B G T B F E J T E
T N M L U G P H T H B I D E S
V A H S A O G B F S E J D K R
L T J Z T S C A R I F F N S U
M A H E E M S L T N G R A A D
T K U J W H A H O I Y F L L K
A R G O E I G C E M N I E B J
T H E R F W S A D L E J P T O
U O K B O E W E R A W Y O A C
G I B N R J N K N T R A C E R
N Q N R O A Q I Q Y R A P R U
Q A Y C U H T P T K O A S G M
B N I W A T Z S V J S F B Y P
```

◊ BANNOW

◊ BARTRAGH

◊ BERE

◊ COPELAND

◊ CRUMP

◊ DURSEY

◊ FENIT

◊ FOYNES

◊ GREAT BLASKET

◊ INISHBEG

◊ LAMBAY

◊ MAHEE

◊ OMEY

◊ PAWLE

◊ RABBIT

◊ SALTEE

◊ SCARIFF

◊ SHERKIN

◊ SPIKE

◊ ST MAC DARA'S

◊ TAGGART

◊ TARBERT

◊ TAWIN

◊ TURBOT

Irish Liverpool

```
K Y S O U T H P O R T R V T A
T E O T W L G B U U P R B S L
C N H H A R R I S O N A N A D
K R W M B H N S S B U T O F R
K A I Y Q A B H R C B S T L I
I L L Q W M Q O I L M U H E D
M L K R W F W P A T A P G B G
C I I S C N Z C P W B E U E E
C K N U E D K Y D A R G O N N
A S S L Y N O K N R Y N H I N
R S O S R O O N E Y A A K M O
T T N T Q I E J E L Y R I A N
N K M E L K R Z E G A O M F N
E Y P R C A A H Y L A P R B E
Y W A M T A W P B M A L A F L
```

- ◊ JOHN ALDRIDGE
- ◊ BELFAST ROAD
- ◊ JOHN BISHOP
- ◊ CILLA BLACK
- ◊ WILLIAM BROWN
- ◊ DONEGAL ROAD
- ◊ GEORGE HARRISON
- ◊ GREAT FAMINE
- ◊ ROY HOUGHTON
- ◊ NURSE AGNES JONES
- ◊ KILLARNEY ROAD
- ◊ JACK KIRWAN
- ◊ JAMES LARKIN
- ◊ JOHN LENNON
- ◊ PAUL MCCARTNEY
- ◊ JOHN MCKENNA
- ◊ ORANGE ORDER
- ◊ PAUL O'GRADY
- ◊ COLEEN ROONEY
- ◊ SOUTHPORT PARADE
- ◊ RINGO STARR
- ◊ ULSTER ROAD
- ◊ RONNIE WHELAN
- ◊ KITTY WILKINSON

Medieval Battles

```
K A U W T H M A G S L E C H T
C R A N H I K N O C K D O E M
A D R A U T O E X N M Y O P O
R N X N R S G C D V W U L I I
N O C A L O L L Q H O A L R
C C A I E O H L E U V K D T Y
R H T R S O U M E N S O R O P
O E H G H N A G N K M W U W A
S R A F C G A T H I H A M N S
S J I N P A A R H R O E M Q S
K E R Q O R L R W E A M O A X
V L C R A F F L R O N S N G B
F A U G H A R T A U G R K R V
F R A T N O L C A N C X Y A V
K L N P S T H C A N N O C L V
```

◊ ARDNOCHER

◊ ATHENRY

◊ CALLANN

◊ CARNCROSS

◊ CATHAIR CUAN

◊ CLONTARF

◊ CONNACHT

◊ COOLADRUMMON

◊ CURRAGH

◊ DOWN

◊ FAUGHART

◊ GLENMAMA

◊ GOWRAN

◊ GRIANAN

◊ KELLS

◊ KNOCKDOE

◊ LOUGH RASKA

◊ MAG SLECHT

◊ MOIN MHOR

◊ MOIRY PASS

◊ PILTOWN

◊ SULCOIT

◊ TARA

◊ THURLES

Excerpt from *Gulliver's Travels* by Jonathan Swift
Gulliver Meets the Lilliputians

```
R E V I U Q D E S U F N O C S
F A L L S T U D R A W R O F I
G T K C A B S U D I H N I B D
N S L U R Y G O R U J R O A E
I A I I R R W L M E S W Z F S
P E F X O N F A C T F O R T Y
A R A U W E N T F P U O Z E E
E B N A L N U E H E A T P R L
L D R T N R L A T R U H O W T
G D P A E S N K E C F E S A T
S C R D E D I D V E R M T R I
K H C H S N V K I I I J U D L
Y I C N D K C T L V G F R S R
G N I C N A V D A E H F E J E
I U G N I D N E B D T S A M E
```

I heard a confused noise about me; but in the posture I lay, could see nothing except the sky. In a little time I felt something alive moving on my left leg, which advancing gently forward over my breast, came almost up to my chin; when, bending my eyes downwards as much as I could, I perceived it to be a human creature not six inches high, with a bow and arrow in his hands, and a quiver at his back. In the mean time, I felt at least forty more of the same kind (as I conjectured) following the first. I was in the utmost astonishment, and roared so loud, that they all ran back in a fright; and some of them, as I was afterwards told, were hurt with the falls they got by leaping from my sides upon the ground.

Cuisine

```
R E A N A B M A I S G J O N P
Y P L F Q E K Q C V E L M M U
C O U D E R J S H H I S L E N
O U W N D L W U I M O K D T J
L N S M T O R I E L N W I V A
C D S B S C C R C E L B D B N
A I O O M U I R E F G I L E A
N E M X I C S H U G V Q D A R
N S V T K M S S P B A D E V A
O G O Y C I H Y A J E N Y F Q
N I T H R V Y E B L K E A I W
E H A D R R D N A E G R N E F
D M T Z U U V D P S L D T S I
P T O C G M Z I G H N S R N F
N R P Y L L I K O M I O W A W
```

◇ ARDGLASS HERRING
◇ BLAA
◇ BOXTY
◇ CHAMP
◇ CHOWDER
◇ CODDLE
◇ COLCANNON
◇ CRUBEENS

◇ DRISHEEN
◇ DILLISK
◇ FARL
◇ GUR CAKE
◇ IMOKILLY REGATO
◇ IRISH MOSS
◇ IRISH STEW
◇ LIMERICK HAM

◇ ORIEL SEA SALT
◇ POTATO BREAD
◇ POUNDIES
◇ PUNJANA TEA
◇ SKIRTS AND KIDNEYS
◇ SIAMBAN
◇ SNEEM BLACK PUDDING
◇ VEDA BREAD

```
L Y B O I V C S P S O A G U G
N X F Q X W X L B M K M C N V
A A R J I B K O R I O E F E B
B R M M N X J W N E S J T D L
M H A W E M E W C S F K D D O
L A Y Z O U U E D T U W E I O
D E I D H N S S C O N E E H D
R F W L P E S T Q R R L R K S
E N E I L A E E A I F O C N Y
G O V L L I G R W O J C E A H
N B E R A H W Y Y P I R M T P
U B A N E K A L N E D E A H R
H C G A B H M Q X P W F H S U
M E R U V M A C B E T H S I M
L T C K N A R F N K H A K F B
```

◊ *ALIEN* COVENANT

◊ *ANGEL*

◊ ASSASSIN'S *CREED*

◊ *BLOOD* CREEK

◊ *CARLA*

◊ DARK *PHOENIX*

◊ EDEN *LAKE*

◊ *FISH* TANK

◊ *FRANK*

◊ *HAYWIRE*

◊ *HEART* AND BONES

◊ *HUNGER*

◊ JANE *EYRE*

◊ JONAH *HEX*

◊ *MACBETH*

◊ *MURPHY'S* LAW

◊ OUR *HIDDEN* LIVES

◊ *POIROT*

◊ *SHAME*

◊ *SLOW WEST*

◊ STEVE *JOBS*

◊ THE *SNOWMAN*

◊ WEDDING *BELLES*

◊ *WILLIAM* AND MARY

Rugby Clubs

```
I L A E W R Y N A V A N B R E
H I G H F I E L D Y Z P H N G
A N E M Y L L A B V C T A O D
E E N W O D S N A L N S G N I
E R U N E R E T O E N I L N R
B R U F F H W N C A L B T A B
S N M D V T T S I S L C S H N
E O A U U A E G W A S M A S A
I N L P R R E A C T A J F I B
R N O F C W C K M L C V L W B
R A N T L H R A A A Y C E M N
E G E A V O R H S Q H L B A L
K N G G C Y I H D O L P H I N
S U E K S D E M N D G A M L O
D D L S E L L L A H N R A B G
```

- BALLYMENA
- BANBRIDGE
- BARNHALL
- BELFAST HARLEQUINS
- BLACKROCK
- BRUFF
- CASHEL
- CLONTARF
- DOLPHIN
- DUNGANNON
- GALWEGIANS
- HIGHFIELD
- LANSDOWNE
- MALAHIDE
- MALONE
- NAVAN
- OLD CRESCENT
- OLD WESLEY
- SHANNON
- SKERRIES
- SLIGO
- ST MARY'S
- SUNDAYS WELL
- TERENURE

Sea and River Fish

```
K L T M K E Y N Q H E W H F I
C Y K R H G N B D M H S S T F
E A B T J D N S U C I E S A L
S T I N G R A Y M F T R A E O
P A A G U A H E G A Q U B F U
S R D N L G S A K U E F N J N
E D E I P O H S E U R R H A D
Q A W T E N C N U C I N B B E
D H E U R E A B W Z A C A T R
I S S O J T O P E Z V D S R B
S H M P Q W L E S S A R W R D
R A E K K I G O G W C U Y N C
A R L T D T Q U A S F D T Q U
E K T N N P O L L O C K J S S
S T L R Y V D A N C H O V Y K
```

◊ ANCHOVY	◊ GURNARD	◊ SHANNY
◊ BASS	◊ HAGFISH	◊ SHARK
◊ BREAM	◊ LOACH	◊ SKATE
◊ CUSK	◊ POLLOCK	◊ SMELT
◊ DACE	◊ POUTING	◊ STINGRAY
◊ DRAGONET	◊ SAITHE	◊ TOPE
◊ FLOUNDER	◊ SEARSID	◊ TUNA
◊ GULPER	◊ SHAD	◊ WRASSE

```
V X H W D M W Q U A E H R J R
M H T P O J U D E Y K O R F V
V T B D O B J R G W A W A C M
A R O Q L L J O D V N E B L A
I I H S I S L F A Y S Y D O G
L B O H N Y I M E G L G L Y H
L E V B U N T Y O A Z L O N E
W R K R T O Q D Y R F A I E R
E Y U A S N U R H C E S K K A
E A N E N N I B W K E S H R S
L S P O M A D W B Z X J A C K
W X O O F H Y H R F E T N S L
V N R J N S K E K A T S I M G
S E S E C U R B E L B R A M G
J Q Y B G F A R E G D A B G B
```

◇ AILLWEE

◇ BADGER POT

◇ BOHO

◇ BRUCE'S

◇ BUNTY POT

◇ CLOYNE

◇ CRAG

◇ DOOLIN

◇ DUNMORE

◇ FAIRY

◇ FINTAN'S GRAVE

◇ KESH

◇ KILLYDRUM

◇ MAGHERA

◇ MARBLE ARCH

◇ MISTAKE PASSAGE

◇ NOON'S HOLE

◇ OLD BARR SINK

◇ OWEYGLASS

◇ POLLMORE

◇ RATTLE HOLE

◇ REBIRTH CANAL

◇ SHANNON

◇ SNAKE ESCAPE

Mythological Characters – Part Two

```
U  W  Í  V  F  U  N  E  U  F  E  H  D  Ú  C
R  É  N  H  T  A  N  P  B  N  Í  T  L  T  Ú
E  V  W  C  I  S  K  A  A  N  N  K  H  I  C
R  L  K  R  L  M  É  Ú  E  N  A  G  O  S  H
D  Z  B  H  U  Í  S  I  A  H  I  Á  U  N  U
R  S  A  A  C  D  O  E  I  A  B  B  B  L  L
I  E  N  É  K  A  R  D  L  H  C  A  I  M  A
E  R  B  A  K  I  T  A  H  H  M  A  I  N  I
D  B  A  K  U  T  U  R  T  N  I  A  M  E  N
B  Á  T  T  B  N  Á  U  A  Y  A  L  Í  N  N
E  Ú  C  T  N  H  T  E  Á  B  L  E  D  Í  N
A  N  L  O  D  F  U  A  M  N  A  C  H  A  F
G  C  I  U  É  R  I  U  C  S  J  G  Í  T  A
K  F  C  Á  G  E  N  A  B  Í  L  C  C  É  N
A  P  Í  M  W  H  H  É  Y  A  Z  F  A  E  D
```

◊ ABARTACH	◊ CÍAN	◊ FIONNUALA
◊ ABHEAN	◊ CLÍODHNA	◊ FUAMNACH
◊ AED	◊ CÚ CHULAINN	◊ LÍ BAN
◊ ÁINE	◊ DEIRDRE	◊ LUGH
◊ BANBA	◊ DELBÁETH	◊ MIACH
◊ BEAG	◊ ÉRIU	◊ NEMAIN
◊ BRES	◊ ÉTAÍN	◊ NIAMH
◊ BRIAN	◊ FAND	◊ TUIREANN

Lake and River Islands

```
D R O F S S A L G Y G H M T G
T X Z G S F E U N E J Y B S U
P A D I A N H R B F N T R N P
W K D K W P E Y V O L R D K J
Z K C G A F T V N E Z A P R C
R U I R X S E A R U V A C O T
B M I L U K C O A A U N D S R
L S O L L M X R W Y K P S A A
O T P P K Y L K N E E D W C A
U J F P D B G A N D L S R O N
G B G R A Z O O G I R K R R I
H F A Q R L C A W V H A U O S
E J L A A T I C S A Q T V E H
R A T O M Y S U A N N I K O Z
Q H S C S G K H B F U W W X F
```

◊ ARDY MORE

◊ BOA

◊ BUCK

◊ CANON

◊ CONEY

◊ DAVAR

◊ DIVAN

◊ FERNY

◊ FOVAR

◊ GALL

◊ GLASSFORD

◊ HORSE

◊ KILLYGOWAN

◊ KINNAUSY

◊ LAPP'S

◊ LOUGHER

◊ LUSTY BEG

◊ NAART

◊ PADIAN

◊ PARIS

◊ RAM'S

◊ RATH

◊ ROSSCOR

◊ TRAANISH

```
Q M C U J W O B Y C R A D Z H
F U H C O N N O L L Y L U L G
K L A C F U F Z D J Z M N W O
M C M I W E C B O H C U A W E
W A B V A N D E R S O N G M K
E H E K R U B Y S J Y E R A C
B Y R I J T T R E A C Y O C K
E O S M S T Y D L A R H A L
R R N Z D R E E F H R T H U L
S U G E K E A R N S P A K L T
P P M T I B T I E A P R M A W
B Q E J U L A U N J V E U Y O
B T I E E I L G C C S E F M M
M A U F L G L A R W M Q D C E
J N O T R O M M H S L A W L Y
```

- ◊ AMY ANDERSON
- ◊ SINÉAD BURKE
- ◊ LAOISE CAREY
- ◊ LAURA CHAMBERS
- ◊ SYBIL CONNOLLY
- ◊ DARCYBOW
- ◊ REBECCA DEVANEY
- ◊ IRENE GILBERT

- ◊ COLIN HORGAN
- ◊ DANIEL KEARNS
- ◊ LAINEY KEOGH
- ◊ HOPE MACAULAY
- ◊ RUEDI MAGUIRE
- ◊ JERUSHA MARLEY
- ◊ DIGBY MORTON
- ◊ NEILLÍ MULCAHY

- ◊ CAOIMHE MURPHY
- ◊ FIONA O'NEILL
- ◊ JULIE PEELO
- ◊ PHILIP TREACY
- ◊ HOLLY-ROSE TWOMEY
- ◊ LAURA WEBER
- ◊ MONICA WALSH
- ◊ SHARON WAUCHOB

Statues and Memorials

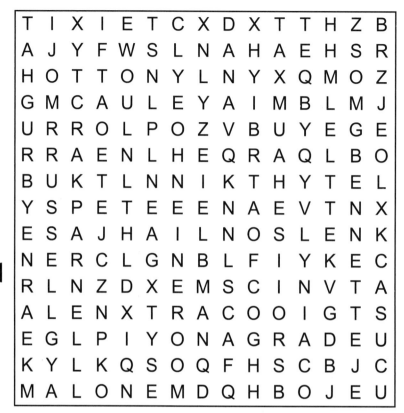

```
T I X I E T C X D X T T H Z B
A J Y F W S L N A H A E H S R
H O T T O N Y L N Y X Q M O Z
G M C A U L E Y A I M B L M J
U R R O L P O Z V B U Y E G E
R R A E N L H E Q R A Q L B O
B U K T L N N I K T H Y T E L
Y S P E T E E N A E V T N X
E S A J H A I L N O S L E N K
N E R C L G N B L F I Y K E C
R L N Z D X E M S C I N V T A
A L E N X T R A C O O I G T S
E G L P I Y O N A G R A D E U
K Y L K Q S O Q F H S C B J C
M A L O N E M D Q H B O J E U
```

◊ MARGARET BALL   ◊ ROBERT EMMET   ◊ CATHERINE MCAULEY

◊ LOUIE BENNETT   ◊ SEAMUS ENNIS   ◊ ANNIE MOORE

◊ CATHAL BRUGHA   ◊ HENRY GRATTAN   ◊ HORATIO NELSON

◊ EDMUND BURKE   ◊ PEADAR KEARNEY   ◊ DANIEL O'CONNELL

◊ HELEN CHENEVIX   ◊ LUKE KELLY   ◊ CHARLES PARNELL

◊ RICHARD CROSBIE   ◊ THOMAS KETTLE   ◊ GEORGE RUSSELL

◊ MICHAEL CUSACK   ◊ PHIL LYNOTT   ◊ PATRICK SHEAHAN

◊ WILLIAM DARGAN   ◊ MOLLY MALONE   ◊ FRANCIS TAYLOR

Lighthouses

```
T P O O L B E G M N F C X S E
I N K M A D D C Y U B Z A R S
P Y R I B Y O R A W G R A L Z
S V L W D A A S O S C L W H F
E Y I M A H B T K G H U I Z C
A L E D E R K S W C H L A N B
O E E F A S T N E T A E A K S
F M R A Z L W S Y N H L D K L
R A N N O R T H R G E E B A Y
E I U A T X S A A A I T Y U N
T D D D V S E R J A K Y T K E
S E Z N E L E K F I L S I O T
Y N O P C E A N A R C N U B R
O S A C H I L L B E G T Z T O
Y S E R O C K A B I L L G M U
```

◇ ACHILLBEG   ◇ DUNREE   ◇ POOLBEG

◇ BAILY   ◇ EERAGH   ◇ ROCKABILL

◇ BLACKSOD   ◇ FANAD HEAD   ◇ ROTTEN

◇ BUNCRANA   ◇ FASTNET   ◇ SLYNE HEAD

◇ CALF ROCK   ◇ MAIDENS   ◇ SPIT BANK

◇ CAPE CLEAR   ◇ MUGLIN'S   ◇ STRAW ISLAND

◇ CASHLA BAY   ◇ NORTH BULL   ◇ TUSKAR ROCK

◇ DROGHEDA   ◇ OYSTER   ◇ VIDAL BANK

Z	B	P	T	S	R	E	D	N	U	L	P	D	V	B
C	A	H	A	F	A	M	I	L	Y	B	L	A	C	K
O	E	V	E	N	I	N	G	C	H	A	I	R	S	E
W	G	P	R	E	T	U	R	N	I	N	G	T	D	W
B	F	O	T	J	B	U	Q	S	G	Z	C	I	E	O
O	I	B	N	M	F	O	R	E	S	T	T	Q	A	U
Y	R	O	H	T	D	E	C	E	M	B	E	R	S	N
N	E	M	O	W	H	S	H	O	V	E	L	Y	O	D
V	L	J	V	T	C	E	P	J	C	P	B	R	N	S
Z	A	R	O	K	S	O	B	M	P	J	Y	W	R	R
S	N	M	O	B	Z	S	U	O	A	B	A	Q	E	K
M	D	J	Y	G	Q	M	R	N	N	M	O	V	T	U
S	E	M	A	J	F	L	I	I	T	E	I	O	N	D
G	M	V	I	R	G	I	N	I	A	R	Z	S	A	P
Y	N	D	E	T	N	U	A	H	U	Z	Y	C	L	Q

◊ *A CHRISTMAS TREAT*

◊ *BLACK FLOWER*

◊ *BYRON IN LOVE*

◊ *COUNTRY GIRL*

◊ *DOWN BY THE RIVER*

◊ *FAMILY BUTCHERS*

◊ *HAUNTED*

◊ *IN THE FOREST*

◊ *INNER COWBOY*

◊ *JAMES AND NORA*

◊ *JOYCE'S WOMEN*

◊ *LANTERN SLIDES*

◊ *MOTHER IRELAND*

◊ *MY TWO MOTHERS*

◊ *OLD WOUNDS*

◊ *ON THE BONE*

◊ *PLUNDER*

◊ *RETURNING*

◊ *SHOVEL KINGS*

◊ *THE LIGHT OF EVENING*

◊ *THE LITTLE RED CHAIRS*

◊ *TIME AND TIDE*

◊ *VIRGINIA*

◊ *WILD DECEMBERS*

SOLUTIONS

1

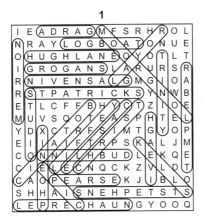

2

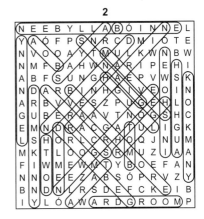

3

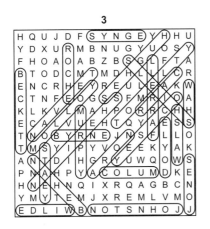

4

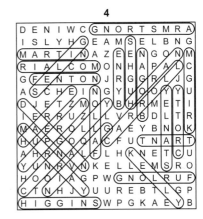

5

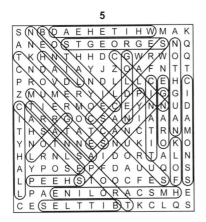

6

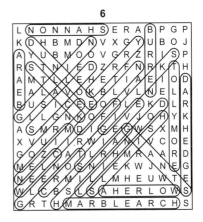

SOLUTIONS

7

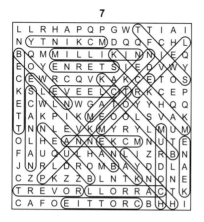

8

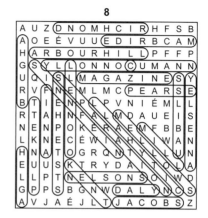

9

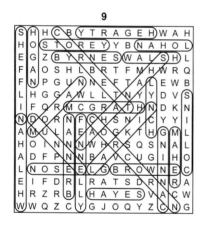

10

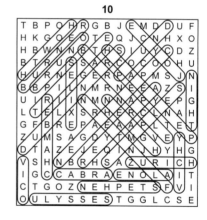

11

12

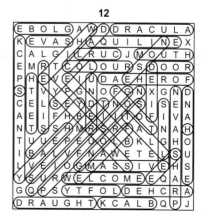

 **SOLUTIONS**

13

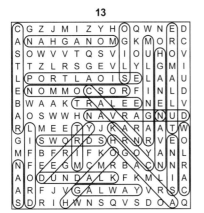

14

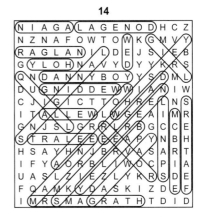

15

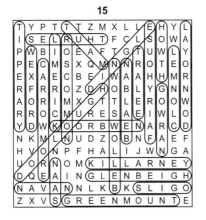

16

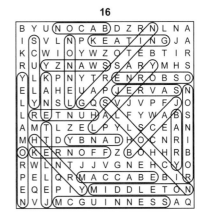

17

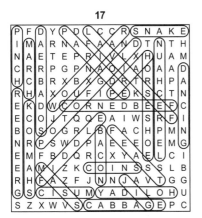

18

19

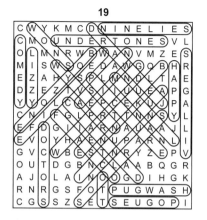

20

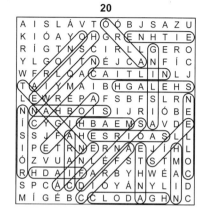

21

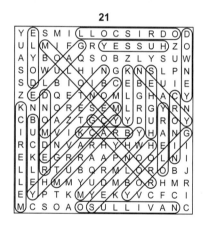

22

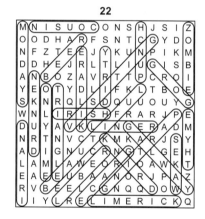

23

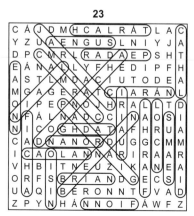

24

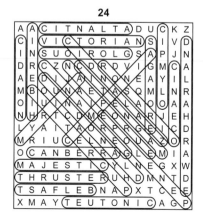

SOLUTIONS

25

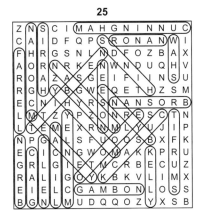

26

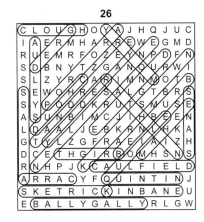

27

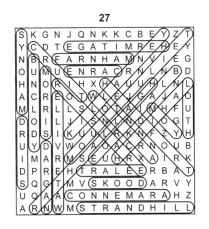

28

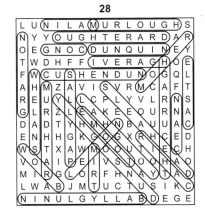

29

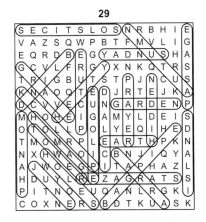

30

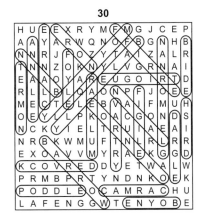

SOLUTIONS

31

Y	H	P	R	U	M	H	T	A	R	G	C	M	H	P
Y	D	E	N	N	E	K	I	Y	H	C	M	A	G	X
N	N	R	E	H	A	O	Q	W	E	T	H	A	Q	L
N	H	A	C	K	E	T	T	G	N	H	U	F	Y	B
I	T	V	L	Q	A	Z	M	N	I	G	A	N	K	G
V	X	N	V	Y	L	T	O	C	L	H	C	F	I	W
E	E	F	A	E	G	D	Y	A	N	H	T	B	R	E
D	H	R	B	G	N	X	S	E	G	U	N	H	W	S
I	C	A	D	O	R	C	M	N	L	E	L	B	A	E
T	Y	N	C	K	O	O	T	E	Y	K	A	T	N	E
A	N	C	K	T	Y	O	H	E	H	Y	C	C	Y	L
L	E	I	T	A	L	G	A	R	J	B	S	U	P	A
I	N	O	S	B	O	H	L	G	R	W	N	J	B	C
Y	I	S	C	A	L	L	O	N	M	K	O	E	Q	M
J	U	I	B	M	D	E	V	L	I	N	W	Q	D	R

32

G	C	H	R	B	J	F	O	W	N	A	G	R	O	M
E	K	Z	L	Y	V	I	F	Y	G	G	A	R	C	E
S	N	U	N	C	T	I	O	U	S	K	B	Y	O	Y
R	E	R	I	U	G	C	M	A	D	J	L	K	M	Z
O	W	L	D	P	S	V	M	F	A	L	E	M	P	G
H	J	E	C	J	U	E	V	V	I	L	M	N	E	I
A	A	S	U	A	R	R	I	R	L	B	R	P	T	L
C	C	G	W	I	T	C	C	Y	M	Y	S	J	I	E
K	K	N	C	E	T	N	I	E	C	H	D	F	T	U
E	C	A	A	O	H	S	E	Z	L	Q	O	O	I	G
T	I	U	R	H	V	T	P	T	Y	L	Y	W	O	A
T	T	Y	V	Z	E	O	T	M	N	I	L	O	N	L
W	Y	Y	B	R	E	N	N	A	N	H	E	M	Y	P
N	M	F	P	D	D	E	I	K	M	W	V	A	D	J
U	S	S	T	T	I	B	U	L	U	S	V	N	S	N

33

K	E	P	T	M	S	G	O	Y	D	O	W	N	U	W
S	K	B	S	L	S	J	H	R	Z	N	Y	O	U	V
R	N	W	I	K	M	T	J	A	N	R	C	V	H	T
T	D	G	O	R	U	E	J	R	R	S	E	K	K	O
H	O	T	A	O	N	N	T	E	W	I	R	I	E	A
C	L	K	L	C	S	O	K	P	O	A	A	L	D	G
A	I	R	B	Z	T	R	Y	P	L	W	L	K	W	A
N	M	S	N	Y	E	Y	T	I	R	G	C	E	N	A
N	E	D	A	A	R	T	F	T	A	B	Y	N	I	N
O	R	O	H	R	V	F	A	L	C	E	D	N	L	T
C	I	N	G	Z	N	A	W	M	E	L	N	Y	B	R
C	C	E	A	R	N	A	C	O	C	F	M	V	U	I
V	K	G	N	N	Y	A	W	M	E	A	T	H	D	M
N	G	A	O	F	F	A	L	Y	Y	S	S	R	H	Z
T	E	L	M	Q	K	V	K	O	L	T	D	N	Q	D

34

N	G	N	N	S	K	C	Z	N	G	L	C	M	J	Q
L	N	O	A	E	G	C	J	J	N	N	O	U	A	U
T	A	T	Y	Y	N	N	H	T	U	C	N	R	D	E
G	N	X	R	A	J	K	V	M	O	S	A	P	D	L
I	R	E	S	H	U	M	A	N	Y	U	N	H	O	W
B	E	S	T	T	U	J	N	F	S	Y	K	Y	O	A
S	I	W	N	L	R	E	N	Y	J	Y	T	Z	W	H
O	K	Y	L	A	L	I	S	I	L	E	A	R	L	S
N	A	I	R	L	G	E	N	R	A	L	L	I	M	N
R	N	P	T	E	M	G	L	G	K	H	I	P	U	E
O	R	K	E	C	T	V	U	Y	E	W	Z	E	A	H
R	A	O	W	K	C	T	U	D	K	R	T	W	R	R
V	U	V	O	S	N	Z	A	Y	A	R	R	U	M	O
K	W	F	B	Y	G	N	O	L	R	U	F	A	R	N
H	R	U	F	E	D	Y	B	Q	S	R	G	H	J	J

35

D	S	Y	C	H	E	S	T	E	R	T	O	N	O	E
N	O	S	Z	A	Y	T	S	M	R	S	W	S	B	G
P	A	C	E	K	D	E	S	I	R	P	R	U	S	A
Y	P	M	K	R	M	G	L	R	C	N	O	T	E	D
S	A	M	D	M	G	O	F	A	V	E	L	R	R	N
G	D	E	O	I	G	E	M	C	Q	P	J	I	V	O
N	U	S	L	Y	V	P	R	L	X	H	S	L	E	B
I	K	K	G	E	B	A	R	E	J	R	A	E	D	X
L	T	H	R	E	L	E	D	S	F	I	Y	M	K	R
K	F	I	L	E	M	T	C	T	U	T	E	M	X	K
N	A	L	I	Y	L	R	T	L	P	I	R	A	I	O
I	C	V	D	Z	O	C	W	I	Z	S	K	L	S	T
N	E	G	R	Y	Q	U	T	P	L	A	N	E	T	O
T	S	Y	Y	T	I	N	A	I	T	S	I	R	H	C
H	O	M	E	G	U	A	R	D	N	M	O	O	R	E

36

H	G	U	O	D	D	D	H	N	D	A	R	V	E	R
S	H	A	C	K	E	T	T	A	A	I	B	J	V	T
N	S	P	E	N	S	S	N	G	M	H	N	G	S	H
A	Y	H	Q	R	M	W	V	N	J	B	G	J	G	R
D	R	T	F	O	O	I	C	A	C	Z	M	O	E	E
R	R	A	M	T	N	M	C	D	A	U	V	L	L	E
O	E	R	H	H	D	U	N	G	U	A	I	R	E	C
J	F	S	A	U	G	H	N	A	N	U	R	E	Z	A
F	A	K	K	S	N	I	L	G	R	N	U	E	R	S
I	T	L	B	I	H	M	R	A	L	O	O	V	E	T
D	R	U	V	D	L	E	Z	E	Q	T	L	E	D	L
D	O	O	V	D	G	C	M	T	H	S	U	S	W	E
A	P	F	Z	A	D	X	R	J	R	O	D	Y	O	S
U	R	G	N	D	M	C	M	E	P	B	M	Z	O	X
N	O	S	T	U	R	V	E	Y	A	Z	G	C	D	D

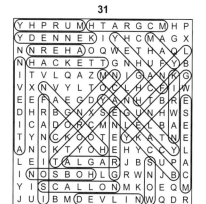

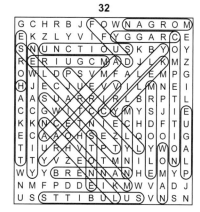

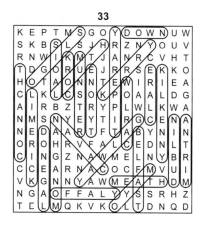

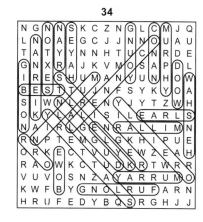

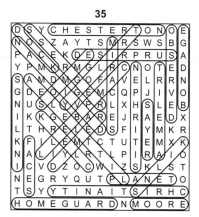

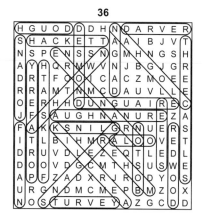

 **SOLUTIONS**

37

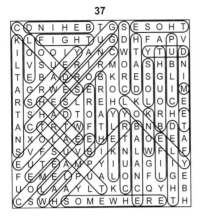

38

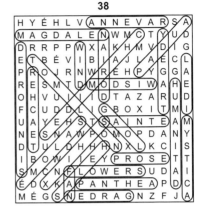

39

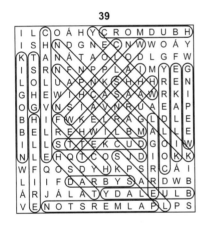

40

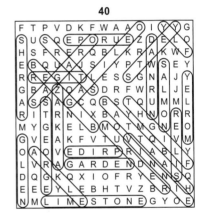

41

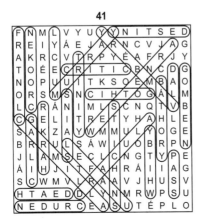

42

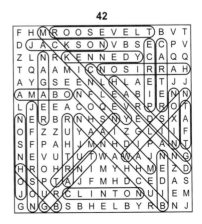

SOLUTIONS

43

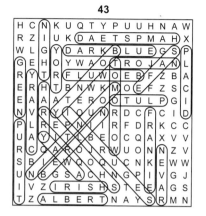

44

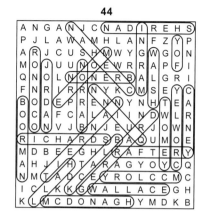

45

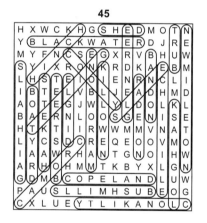

46

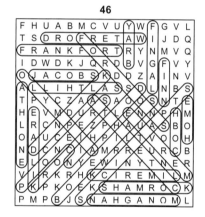

47

48

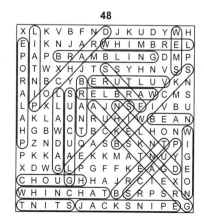

SOLUTIONS

49

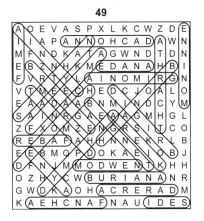

50

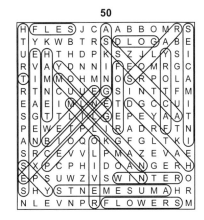

51

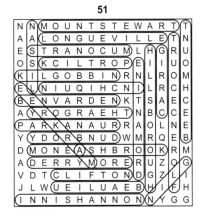

52

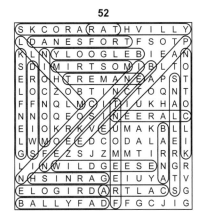

53

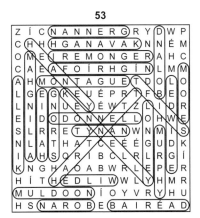

54

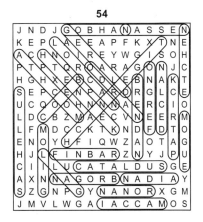

SOLUTIONS

55

N	X	N	A	I	P	S	A	C	S	H	A	S	T	A
E	L	O	P	E	P	K	E	K	R	I	K	G	Y	L
D	N	T	S	T	O	N	E	T	A	B	L	E	R	N
L	T	A	F	J	Y	I	C	A	L	O	R	M	E	N
O	M	R	I	I	G	A	W	O	L	T	C	T	M	X
S	A	C	U	R	H	H	S	C	E	N	S	N	M	W
T	U	R	A	M	I	S	S	L	V	R	C	E	U	P
L	G	N	I	Q	P	T	N	F	A	B	R	M	L	E
O	R	W	M	L	W	K	Y	R	R	N	U	I	P	V
R	I	N	C	U	I	G	I	S	A	P	B	R	I	E
D	M	S	A	M	T	A	L	N	P	H	B	E	X	N
S	T	L	I	S	O	R	N	A	R	N	C	P	S	S
R	B	R	R	D	U	Y	M	N	I	X	P	X	T	I
A	A	T	H	I	A	S	I	V	A	R	A	E	C	E
Z	K	G	E	K	U	J	D	G	C	Z	E	R	I	M

56

A	V	F	N	B	F	A	I	V	I	L	A	N	N	A
U	B	U	A	A	E	J	O	K	E	R	S	N	G	Z
Z	C	L	M	S	A	I	E	E	P	C	Z	M	N	J
F	G	I	O	Q	L	H	E	N	E	C	P	B	D	E
N	N	R	W	L	A	E	E	Q	Y	R	N	Y	N	N
E	A	T	A	R	A	E	G	A	C	A	I	N	I	O
A	N	M	K	C	R	R	H	N	S	E	W	P	E	D
X	K	L	U	C	E	G	U	U	A	L	L	M	S	P
S	E	K	S	H	N	S	L	T	C	N	A	A	R	G
D	Q	R	S	I	T	T	M	H	A	R	J	N	O	O
A	M	Y	L	U	X	F	A	X	T	N	O	F	H	S
E	O	A	Y	M	S	R	I	Y	C	R	H	Q	A	U
H	E	X	G	D	I	E	R	S	G	H	A	I	E	N
H	A	I	E	O	X	S	J	D	H	D	N	W	S	Q
E	B	B	T	D	P	D	A	N	C	E	N	H	H	L

57

G	N	I	M	O	C	E	R	M	J	X	I	E	M	S
P	F	I	R	E	C	H	A	N	G	E	D	S	W	U
Y	T	U	A	E	B	C	G	E	S	L	S	O	W	T
T	E	R	R	I	B	L	E	A	S	N	N	L	O	T
N	R	O	W	R	G	O	E	D	N	R	P	C	R	E
S	C	G	I	G	S	L	T	E	D	O	A	B	D	R
E	N	D	R	E	P	A	S	S	E	D	D	E	S	L
C	E	K	S	E	L	X	Y	K	D	N	Y	C	P	Y
A	N	U	M	E	E	E	B	E	I	H	L	O	A	H
F	O	R	T	M	L	N	R	A	A	E	L	E	L	M
H	B	I	O	T	A	E	T	V	E	I	O	N	I	Y
D	M	U	O	B	G	R	E	D	T	U	N	O	V	D
E	A	M	L	N	E	B	Y	E	R	G	N	D	E	I
C	D	E	I	C	I	R	E	T	N	U	O	C	D	A
T	L	L	H	G	E	R	O	F	E	B	C	M	Y	S

58

S	Z	D	N	J	L	O	U	G	H	E	R	N	E	W
K	C	O	N	K	Y	A	K	I	L	K	E	E	L	D
N	A	T	Y	V	E	Y	D	E	I	D	M	Y	E	O
E	I	A	C	M	E	N	C	H	X	N	B	O	D	O
H	R	C	R	Y	T	U	R	L	R	A	E	B	E	W
E	N	O	S	F	L	E	K	U	T	R	L	E	N	K
R	D	Z	Q	N	N	J	M	O	B	T	V	D	M	C
P	H	S	U	R	T	R	O	P	B	S	O	N	O	A
Y	U	D	D	K	T	F	Y	I	L	A	I	A	R	L
R	J	M	P	Z	H	G	O	O	B	E	R	L	E	B
R	Y	L	A	S	S	A	L	G	D	R	A	C	A	Z
E	F	G	U	L	I	L	A	K	A	D	I	N	S	E
D	S	B	E	C	O	U	K	G	A	L	G	O	R	M
E	E	G	A	R	D	N	A	T	X	O	J	S	Q	P
E	A	N	N	E	S	L	E	Y	R	B	C	M	C	W

59

Y	A	V	T	N	C	Q	C	R	E	H	T	O	M	S
O	N	B	R	O	O	K	L	Y	N	W	R	B	Q	Z
B	I	C	U	S	R	H	A	P	P	Y	J	I	C	R
L	H	I	E	W	D	P	Y	M	S	H	A	D	O	W
L	C	V	G	I	U	X	H	B	E	Y	D	R	R	T
E	A	F	R	M	R	Z	F	A	D	R	E	V	I	R
H	M	N	I	M	O	G	N	H	N	N	I	A	W	E
V	X	V	T	E	Y	S	E	N	W	T	A	C	K	B
R	E	D	C	R	A	S	H	P	A	D	O	T	A	Y
J	E	H	D	S	Q	C	C	V	Z	G	X	M	S	N
X	S	G	T	E	G	H	T	X	M	N	D	N	O	J
R	D	U	I	O	R	X	I	T	T	J	A	R	R	G
C	D	E	E	T	B	D	K	I	K	I	E	G	K	I
S	W	A	K	E	W	O	O	D	S	E	M	Q	O	R
A	N	D	B	R	E	E	Z	E	N	E	U	E	S	L

60

A	S	T	A	K	N	R	E	K	R	T	E	B	P	G
R	T	U	O	T	S	K	H	J	B	R	O	L	M	E
A	R	A	R	E	E	G	H	R	A	N	A	A	H	R
T	I	D	R	O	T	A	U	D	N	N	C	Z	G	A
N	J	E	O	D	B	C	L	A	T	M	R	W	R	L
A	S	C	N	N	E	I	C	A	U	D	F	M	U	D
R	L	L	N	O	K	H	G	R	S	M	E	A	B	I
E	L	A	O	M	T	E	C	E	A	U	D	C	E	N
T	E	R	C	S	N	H	C	C	J	R	E	C	D	E
A	N	E	O	E	A	H	D	O	G	E	L	A	A	S
C	N	I	T	D	N	O	U	B	T	B	M	B	I	B
G	O	N	H	A	W	A	S	R	O	Y	I	E	S	W
H	D	A	I	E	O	Q	I	A	G	R	D	S	T	H
S	O	L	L	S	S	A	L	G	W	O	L	L	A	G
R	L	L	O	S	A	M	O	H	T	Z	T	I	F	V

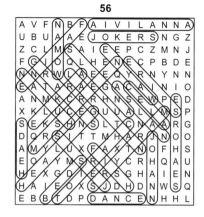

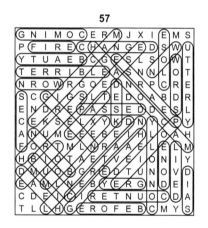

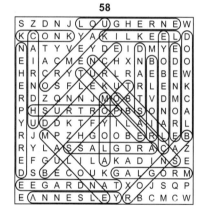

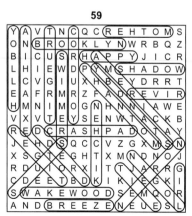

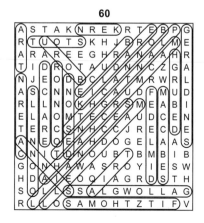

SOLUTIONS

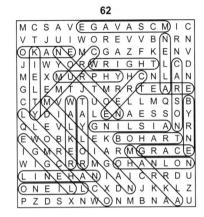

61

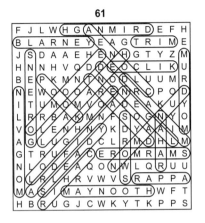

```
F J L W H G A N M I R D E F H
B L A R N E Y E A G T R I M E
J S D A A E H E N H G T Y Z M
H N N H V O D D E O C L I K U
E E P K M N T N O D L U U M M
N E W O O D A R E N R C P O D
I L T U M O M V O A D E A K U
L V R B A K M N F S O G N Y O
V A O L E N H N Y K D Y A A I M
A G L U G I D C L R M D H L M
G T R U F A C E R O M R A M S
N L O D E A Q O N W L Q R U U
O L R L R V W V S R A P P A
M A S I M A Y N O O T H W F T
H B R U G J C W K Y T K P P S
```

62

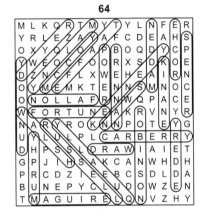

```
M C S A V E G A V A S C M I C
V T J U I W O R E V V B N R N
O K A N E M O C G A Z F K E N
J I W Y O R W R I G H T L C D
M E X M U R P H Y H C N L A N
G L E M T J T M R T E A R E
C T M W T U O E L L M Q S B
L Y D I A A L E N A E S S O Y
O L E V L Y G N I L S I A N
E W O B K L E K B O H A R T
I G M R E O I A R M G R A C E
W I G C R R M O H A N L O N
L I N E H A N I C R R D U
O N E I L L C X D N J K K L Z
P Z D S X N W O N M B N A A U
```

63

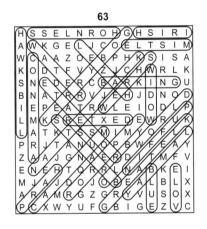

```
H S S E L N R O H G H S I R I
A W K G E L J C O E L T S I M
W C A A Z O E B P H K S U A
K O D T F V Y Z J C H W R L
S N E D E R C B A R K I N G U
B N A T R R V J E H J D N O D
I E P E A T R W L E I O D L P
L M K S R E T X E D E W R U K
L A T K T S S M I M Y O F L L
P R J T A N O P B W F E A Y
Z A J J G N A E R D T M F V
N E N H T Q R R L N A B L X
M J A J D O J O B E A L B L X
A R A M R G Z G R Y V U S O X
P C X W Y U F G B I G E Z V C
```

64

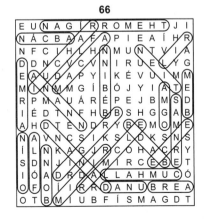

```
M L K O R T M Y T Y L N F E R
Y R L E Z A F A C D E A H S
O X Y Q L O A P B O Q D Y C P
Y W E O C F O O R X S D K O E
D Z N C F L X W E H E A I R N
O Y M E M K T E N N S M N O C
O N O L L A F R N W Q P A C E
W F O R T U N E A K R V N Y
N A R Y R O K N P O T E Y
U Y L U L P L C A R B E R R Y
D H P S S L D R A W I A I E T
G P J H S A K C A N W H D H
P R C D Z I E E B C S D L D A
B U N E P Y C L U D O W Z E N
T M A G U I R E L Q N V Z H Y
```

65

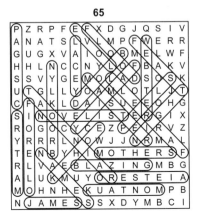

```
P Z R P F E F X D G J Q S I V
A N A T S L V L M P F W E R R
G U G X V A I O O B M E L V B
H H L N C C N Y L O F B A K V
S S V Y G E M O A A D S O S K
U T G L L Y O A M L O T L J T
C F A K L D A I S U E E O H G
S I N O V E L I S T E R G I X
R O G O C Y C E Z P E I R V Z
R Y R R L N O W J J N R M A L
T E N B Y H I M O T H E R S F
L V A E B L A Z I N G P K T I
M O H N H E K U A T N O M P B
N J A M E S S S X D Y M B C I
```

66

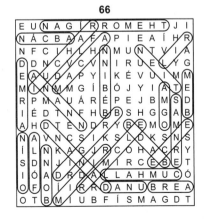

```
E U N A G I R R O M E H T J I
N A C B A J A F A P I E A I H R
N F C I H L H N M U N T V I A
D D N C V C V N I R U E L Y G
E A U D A P Y I K É V U I M M
M I N M M G Í B Ó J Y I A T E
R P M A U Á R É P E J B M S D
I É D T N F H B B S H G G A B
A H D T E N D R Y B E M O M E
N A V N C S I K S L D K S N S
L I K A J G I M R C O H A C E
I Ó N A D R D A L L A H M U C Ó
O F O Í R R D A N U B R E A
O T B M I U B F Í S M A G D T
```

SOLUTIONS

67

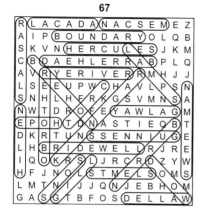

68

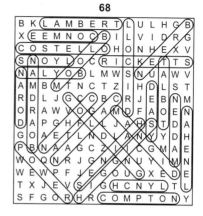

69

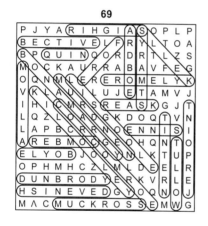

70

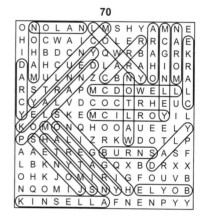

71

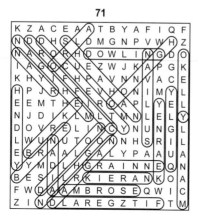

72

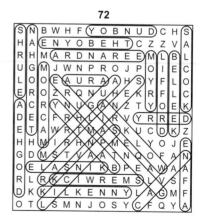

SOLUTIONS

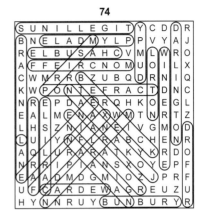

73

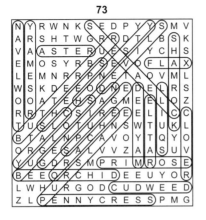

74

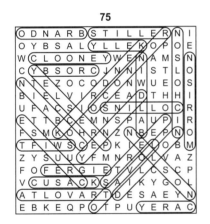

75

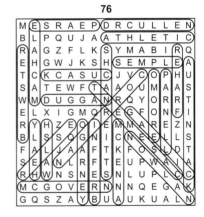

76

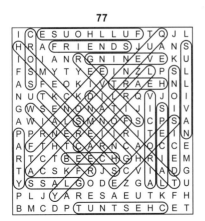

77

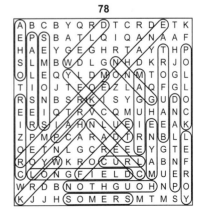

78

SOLUTIONS

79

80

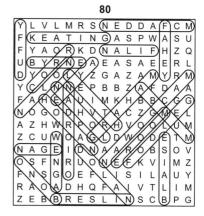

81

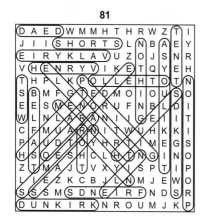

82

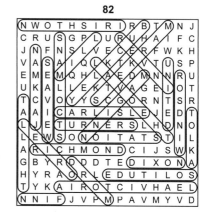

83

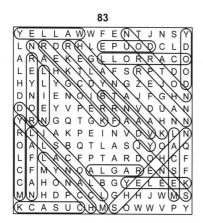

84

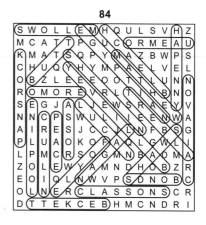

SOLUTIONS

85

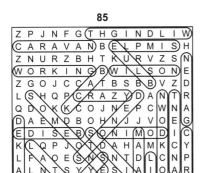

86

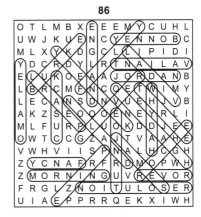

87

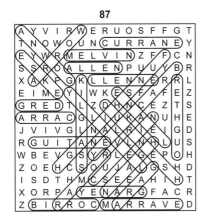

88

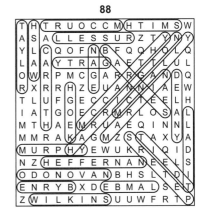

89

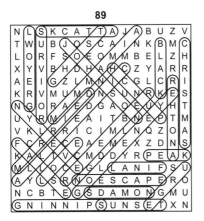

90

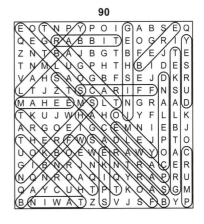

SOLUTIONS

91

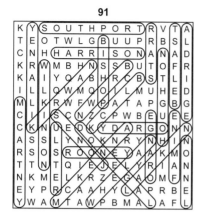

92

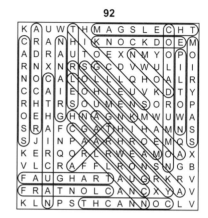

93

94

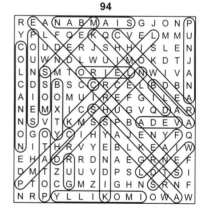

95

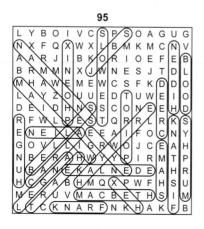

96

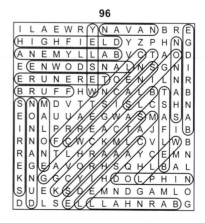

SOLUTIONS

97

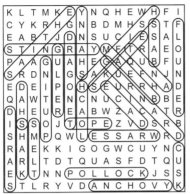

98

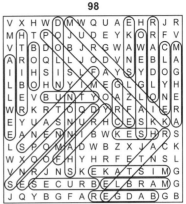

99

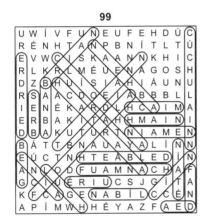

100

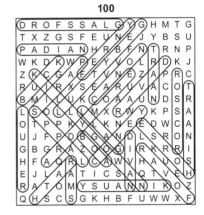

101

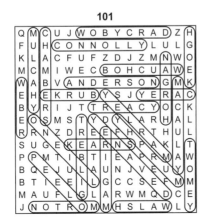

102

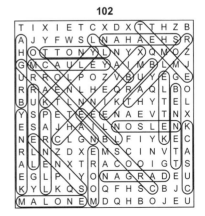

SOLUTIONS

103

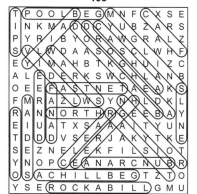

```
T P O O L B E G M N F C X S E
I N K M A D D C Y U B Z A R S
P Y R I B Y O R A W G R A L Z
S V L W D A A S O S C L W H F
E Y I M A H B T K G H U I Z C
A L E D E R K S W C H L A N B
O E E F A S T N E T A E A K S
F M R A Z L W S Y N H L D K L
R A N N O R T H R G E E B A Y
E I U A T X S A A I T Y U N
T D D D V S E R J A K Y T K E
S E Z N E L E K F I L S I O T
Y N O P C E A N A R C N U B R
O S A C H I L L B E G T Z T O
Y S E R O C K A B I L L G M U
```

104

```
Z B P T S R E D N U L P D V B
C A H A F A M I L Y B L A C K
O E V E N I N G C H A I R S E
W G P R E T U R N I N G T D W
B F O T J B U O S G Z C I E O
O I B N M F O R E S T T Q A U
Y R O H T D E C E M B E R S N
N E M O W H S H O V E L Y O D
V L J V T C E P J C P B R N S
Z A R O K S O B M P J Y W R R
S N M O B Z S U O A B A Q E K
M D J Y G Q M R N N M O V T U
S E M A J F L I I T E I O N D
G M V I R G I N I A R Z S A P
Y N D E T N U A H U Z Y C L Q
```